EMAIL MARKETING ACELERADO

Por

Helio Laguna

Título: Email Marketing Acelerado

Ilustración de portada: Pedro Lancheros

Edición: Sento Lorente

1ª edición

¡¡IMPORTANTE!!

No tienes los derechos de Reproducción o Reventa de este Producto.

Este Ebook tiene © Todos los Derechos Reservados.

Antes de venderlo, publicarlo en parte o en su totalidad, modificarlo o distribuirlo de cualquier forma, te recomiendo que consultes aL autor.
Es la manera más sencilla de evitarte sorpresas desagradables que a nadie gustan.

El autor no puede garantizarte que, los resultados obtenidos por él mismo al aplicar las técnicas aquí descritas, vayan a ser los tuyos.

Básicamente por dos motivos:

1. Sólo tú sabes qué porcentaje de implicación aplicarás para implementar lo aprendido (a más implementación – más resultados).

2. Aunque aplicaras en la misma medida que él, tampoco es garantía de obtención de las mismas ganancias, ya que, incluso podrías obtener más, dependiendo de tus habilidades para desarrollar nuevas técnicas a partir de las aquí descritas.

Aunque todas las precauciones se han tomado para verificar la exactitud de la información contenida en el presente documento, el autor y el editor no asumen ninguna responsabilidad por cualquier error u omisión. No se asume responsabilidad por daños que puedan resultar del uso de la información que contiene.

Así pues, buen trabajo y mejores Éxitos.

Índice

Email Preguntas y Respuestas.

Introducción

Hey, Heliosaki aquí.

Te quiero dar la bienvenida a "Email Marketing Acelerado".

Te felicito, porque has tomado una decisión inteligente al ser parte de este programa.

Estás a punto de conocer el camino que se requiere, para convertirse en un marketer de respeto en el mercado hispano y comenzar a ser quien reciba el dinero de las personas que están en Internet, buscando una solución a sus problemas.

Piensa, el 70% de las ventas OCURREN por CORREO ELECTRÓNICO.

Ni poniendo links en Facebook o Twitter, ni por teléfono (efectivo pero nadie lo hace), ni tampoco por mensajes de texto a tu celular, sino por correo electrónico.

Los gurús que te dicen que el Email Marketing está muerto no hacen bien.

Fíjate que, incluso ellos, están usando Email Marketing para decirte eso y venderte su nuevo curso sobre medios sociales (dinero con Facebook, dinero con Twitter, dinero con Pinterest, dinero con Instagram, dinero con nueva red social de moda, etc.).

Si así fuera, ¿por qué no te venden ese curso sobre cómo ganar dinero con [nueva red social de moda] en esa red social de moda?.

Tampoco el blogging es donde ocurren las ventas.

El experto Blogger John Chow, quien gana 40,000 $ cada mes, menciona en su programa "Internet Marketing John Chow" lo siguiente:

"Las personas piensan que mis ingresos provienen de mi blog, gran error, mi blog solo es un GRAN mecanismo para agregar personas a mi lista de autorespondedor y es en mi lista de autorespondedor donde ocurren dos terceras partes de mis ganancias"

Hay algo más que menciona John Chow:

"Las compras ocurren alrededor del octavo contacto, puedes tener el mejor contenido del mundo en tu blog, las personas pueden leerlo y decir "¡'WOW, es lo mejor que he leído en mi vida!", pero de ahí se irán y no sabrán más de ti, no abra un segundo contacto y mucho menos 8".

Aquí otros hechos más.

Del 98 al 99% de las personas que visitan un sitio web no compran en la primera ocasión.

O dicho de otra forma, las cartas de ventas solo convierten un 1 o 2%.

Piensa en este gran error.

ATENCIÓN
ATENCIÓN
ATENCIÓN

Los afiliados del montón envían su tráfico a una carta de ventas que solo convierte a uno de cada 100 personas.

Las personas van a esa carta de ventas, una de cada 100 compran y 99 personas se van para siempre de tu vida.

¿Cuáles son las posibilidades de generar miles de dólares así?

El Anti Afiliado crea primero un suscriptor, para así poder interactuar al menos 8 veces con su contacto y con esto poder generar ventas.

Y si no lo logra, conserva el suscriptor, para contacto posterior.

¿Qué más?

¡Ah sí!

Una vez que las personas están en tu autorespondedor y si haces las cosas bien, esas personas están ahí, disponibles para ti.

Piensa en este otro hecho, **el ratio de apertura promedio de una lista de autorespondedor es de 5.2%, mientras que el ratio promedio de clickeo de un anuncio en Facebook, que es del 0.051%.**

Ahórrate sacar la calculadora, son 100 veces más la posibilidad de que vayan a ver algo que quieres que vean, si están en tu correo, a que lo hagan viendo un anuncio tuyo en Facebook (donde dicen los gurús que está el dinero actualmente).

¿Quieres más?

Que tal esta pregunta en un foro sobre Email Marketing:
"¿Con qué frecuencia compruebas tu Correo Electrónico?"

Respuestas:

Cada 15 minutos
Cada dos minutos
Todo el rato, cada vez que mi celular me notifica un nuevo correo.

¿Cuáles son las posibilidades de que vayan cada 2 o 15 minutos a tu perfil de red social o a tu blog a ver si tienes algo nuevo que decir?

Yo creo que ninguna.

Tu entrenamiento comienza en la siguiente Capítulo.

¡¡Vamos allá!!

1. ¿Qué vas a aprender en E.M.M.A.?

¡Muchas cosas!

El objetivo de EMAIL MARKETING ACELERADO es aprovechar tu autorespondedor, para lograr ganancias monstruosas con pequeñas listas de suscriptores.

Vas a conocer:

La forma correcta de ingresar a tus suscriptores a tu lista de autorespondedor (AR).

Los tipos de mensajes que puedes enviar desde tu AR*

Cómo lograr Opens Rate (tasas de apertura de correos) de más del 50%.

Cómo lograr la ATENCIÓN de tus suscriptores.

(Muy importante, el dinero no está en la lista ni en la relación con ella, sino en la ATENCIÓN que tienes de esa lista.)

¿Qué más?

¡Ah sí!

Qué escribir y cada cuánto escribir.

Cuándo vender y cuándo no.

Los grandes errores que están cometiendo el mercado y los gurús, con respecto al Email Marketing (marketing por correo electrónico).

El cuerpo de tu email. (Cómo escribir emails "sexys", piensa, agradables a la vista).

Dónde obtener ideas de encabezados para tu email. (Aunque te darás cuenta que no es tan importante esto).

Cómo hacer secuencias de autorespondedor y lo primero que debes saber antes de escribir el primer correo.

Lo que debes saber sobre tu oferta y tu prospecto antes de escribir tu primera pieza de contenido.

¡Uff, aún hay más!

Formatos del tipo llena los espacios vacíos para secuencias de AR y para campañas de lanzamiento de productos a tu lista.

La máquina de dinero de 4 días. (Esta secuencia me la regalo Frank Kern).

Cómo lanzar un producto con 3 simples correos.

Qué debes evitar escribir en tus correos.

Cómo segmentar prospectos en tu lista, en base a sus acciones.

Qué es la Secuencia de Telenovela (SDT) y la Secuencia de Lanzamiento de Producto (SLP) y cuándo utilizar una y otra.

Trucos avanzados para tener un ejército de afiliados promocionando para ti aunque no tengas productos.

Una gran cantidad de esquemas diabólicos que tengo en estudio e implementación.

Los 4 cursos que me enseñaron todo lo que sé de Email

Marketing.

Y muchas cosas más que ya no quiero escribir porque ya me aburrí. ☺

TIP: Los correos deben ser divertidos tanto para quien escribe como para quien los lee.

TIP Masivo: No escribas contenido aburrido si quieres obtener resultados con tu AR.

Tip Masivo 2: procura dar valor en todos tus correos.

Primera Lección

Viene de arriba, está marcada con (*)

"Los tipos de mensajes que puedes enviar desde tu AR."

Esta es muy sencilla, pero no puedo suponer que todos lo saben.

Existen dos tipos de mensajes que puedes enviar a tu lista de AR:

Broadcast y Follow up.

Broadcast: Un mensaje aislado, enviado de forma manual.

Follow Up: Mensajes automáticos, son parte de una secuencia.

Con los Broadcast vamos a crear Secuencias de Lanzamiento de Producto, (SLP para abreviar).

Con los Follow Up (secuencias de correos) vamos a crear Secuencias de Telenovela (SDT).

No te preocupes, ambas sirven para ganar dinero.

TIP Masivo 3 del día: Todos, todos, todos tus correos deben de vender algo.
Ya sea un producto (preferentemente) o una acción (suscripción, click, comentario, compartir en redes sociales, lo que quieras que hagan).

Aprovecho el tema para responder a una de las grandes interrogantes de los que tienen una lista de suscriptores, la famosa "**¿cada cuánto vender?**"

Mi respuesta es, **¡SIEMPRE!**

¿Quieres que te convenza del por qué?

En el mes de enero envié solo 2 correos.

Uno fue un correo de felicitación por el año que comienza y en el otro les regalé uno de mis programas.

Con esos dos correos hice 4 ventas, estoy seguro que ni siquiera relacionadas a esos correos, porque no vendí nada, solo saludé y regalé un programa.

El mes de mayo todo cambió, envié 13 correos...

Esos 13 correos generaron:

¡31 ventas, 702 dólares por 13 correos, 54 dólares por correo!

¿Tiene ahora sentido para ti vender algo en tus correos?

NOTA: Mis correos no son correos plaga, donde solo te digo "ve y compra esto", "ahora esto" "y esto".

Como los que identifiqué que enviaban los afiliados del montón en este estudio.

Lejos están de serlo.

Sin embargo, todos vendían algo, por eso hice 31 ventas en Clickbank.

Espero que haya quedado claro en este capítulo, que

¡siempre debes vender algo!

Estoy pensando que...

Necesitarás un Autorespondedor para poder escribir a tus suscriptores.

Los mejores son:

- Aweber<< (Link de afiliado).
- Getresponse<< (Link de afiliado).

Ambos links de afiliado te mandan a versiones trial de 1 dólar (Aweber) y de cero dólares (GetResponse).

Al menos sería bueno, abrir tus cuentas para familiarizarte con ellos.

2. ¿Cada cuánto vender?

Quiero reafirmar lo aprendido en el capítulo anterior, es básico que quede asentado, "Cuándo vender y cuándo no".

Y mi recomendación fue que tienes que vender **¡SIEMPRE!**

Los gurús te dirán, "**eso es imposible, desgastarás a tu lista**", "**no tienen tanto dinero, se darán de baja**".

Si lo que recomiendas vale la pena recomendarse y les va a ayudar a **resolver su problema** no tienen por qué molestarse.

Al fin y al cabo, las personas se suscriben a tu lista para resolver su problema.

Ya sea bajar de peso, encontrar pareja, salir de deudas, ganar dinero, sea cual sea el problema del nicho en el que estés.

Y si lo que les estás recomendando que compren, **tiene verdadero valor transformacional** para la persona, no tienen por qué molestarse.

Valor transformacional: valor que los va a ayudar a pasar del punto A (donde están) al punto B (donde quieren estar).

Ejemplo:

Heliosaki quiere bajar de peso.

Tiene 20 kilos de más (ejemplo casi real :-), ha intentado

todo para bajar de peso, dietas y más dietas y no le gusta salir a correr por las mañanas porque hace frío, no le gusta matarse de hambre ni tampoco quiere consumir drogas o medicamentos para bajar de peso.

Se registra en un sitio web donde prometen ayudarle a perder 20 kilos, sin dietas rigurosas, sin ejercicio y sin drogas.

Heliosaki deja su correo.

Heliosaki recibe consejos donde le explican por qué el ejercicio y las drogas (medicamentos) no son tan importantes para bajar de peso, que es la dieta lo más importante.

Y que hay dietas donde puede bajar de peso comiendo hasta saciar su hambre.

Solo tiene que abstenerse de ciertos alimentos.

Afiliado le dice cuales son y las alternativas para esos alimentos.

Heliosaki piensa "esa dieta sí la puedo hacer", no importa que en 2 meses no coma esos alimentos".

Le demuestran a Heliosaki el verdadero valor transformacional para él.

Resultado, Heliosaki compra.

La pregunta es, ¿desde cuándo estaba convencido Heliosaki de comprar?

¿Desde que recibió el 1er correo, o el día 20 de la secuencia de correos?

Y si la persona escribe cada semana (porque el emprendedor piensa que así no molesta a su lista) ¿puede Heliosaki esperar 20 semanas?

¿Qué tal si Heliosaki necesitaba bajar los 20 kilos en 1 mes para someterse a una cirugía, pero el afiliado tarda 20 semanas en decirle que tiene algo que resuelve su problema?

¿Solución?

<u>Déjale saber (vende) a Heliosaki que tienes la solución (producto) a su problema desde el día 1.</u>

No estoy hablando de:
"descarga aquí tu ebook gratis, mientras tanto compra esto, CÓMPRALO"

No.

Estoy hablando de:

Heliosaki, aquí es donde puedes descargar tu reporte gratis <u>LINK</u>

En él aprenderás por qué las dietas son más importantes que el ejercicio y los suplementos para adelgazar, porque el matarte de ejercicio y consumirte una farmacia todos los días, no te hará más delgado si no comes los alimentos adecuados.

En los próximos días te estaré mandando más información, como los tipos de alimentos que debes evitar y cómo sustituirlos de acuerdo a lo que establece el programa Dietas Fáciles.

Nos vemos pronto.

Tu amigo,

Afiliado X

PD. Si quieres conocer más sobre dietas fáciles da [click aquí](#).

Tu suscriptor pensará: *"Mmmmh, quiero conocer más sobre ese programa y quiero conocerlo ahora mismo porque me URGE bajar de peso."*

Pero también puede ser que aún no esté preparado, no pudo leer bien este correo, no tendrá dinero hasta fin de mes, quiere comenzar una dieta pero hasta el lunes, no tendrá la tarjeta a punto, etc.

¿Querría entonces que le recordaran esa solución?

Claro que sí, cuantas veces sea necesario.

A lo mejor este mes no tiene dinero, pero el otro mes/quincena/semana que le pagan el salario, sí.

¿Volverá a abrir correos de esta persona?

Si le está ayudando y le gusta lo que escribe, por supuesto que sí, los que sean.

Por cierto... ¿Abriste ya tu cuenta de Autorespondedor?

EMAIL MARKETING ACELERADO trata acerca de vender cantidades insanas con un AR, así que necesitamos un AR, ya sea:

- Aweber<<Link de afiliado o
- Getresponse<< Link de afiliado

Si ya tienes otro, no te preocupes, también funciona para EMAIL MARKETING ACELERADO.

Tarea de implementación.

- **Abre tu cuenta de AR, la necesitarás para EMAIL MARKETING ACELERADO.**

  Es lo único que necesitas para lograr ventas por internet.

  Puedes quitarme todos mis sitios, todos y no me voy a inmutar si me dejas mi cuenta de AR.

3 ¿Cada cuánto escribir?

Si la Capítulo anterior se te hizo polémica, esta hará que se te salgan los calcetines.

Sé que ya te imaginas mi respuesta a "cada cuánto escribir"

Adivínala...

¡Adivinaste!

¡A Diario!

Escribe a diario a tu lista.

Ya te mostré el ejemplo...
13 emails a 54 dólares por email hacen un total de 702 dólares.

En un mes, 30 emails a 54 dólares por email, 1,620 dólares.

Si escribo una vez a la semana, como recomiendan los gurús:
4 emails a 54 dólares por email, 216 dólares.

Peor aún si no vendo nada en esos cuatro emails.

En ese caso tus ingresos serian de...

...ya lo sabes, **0 dólares.**

"Pero Heliosaki, si escribo todos los días a mis prospectos, se aburrirán de mí y no comprarán.
¿No crees que será mejor enviarles un email cada semana?"
(Principiante repitiendo lo que le han enseñado los gurús).

Respuesta de Heliosaki:

"¿Y cuándo vas a cosechar esa relación si el siguiente mes solo le vas a escribir 4 veces y no le vas a ofrecer nada?, porque sabes que tienes que cultivar la relación ¿verdad?"

Ahora una Pregunta de Heliosaki:

¿Con quién construyes más relación, con alguien que te cae súper bien, pero ves solo una vez a la semana o con alguien que te cae súper bien también, pero comes todos los días con él?

Otro ejemplo...

Cuando estabas cortejando a tu esposa/novia pensaste en:

"Verla (contacto por correo) lo menos posible para así construir la mejor relación posible para que acepte ser mi novia...?

(Continúa)

...Y nunca decirle mis intenciones (decirle mi solución/producto) para que así sea aún más fuerte la atracción?

Imagina este escenario.

Cortejada: Debido a tu notoria falta de interés en vernos y de hacerme saber que quieres una relación conmigo, te quiero decir que ¡quiero que seas mi novio/esposo!

Suscriptor: Señor gurú, sé que vendes un producto que puede solucionar mi problema y como no me lo dices ni me lo ofreces has provocado que ¡DESEE ese producto!, ¡lo lograste!, dime cuánto dinero te envío y adónde.

Suficientes ejemplos, creo que ya te lo demostré suficientemente.

Si escribes a diario contenido que tu prospecto valora construirás esa relación más rápido y más fuerte que el gurú que solo escribe una vez al mes, cuando tiene una promoción.

¡¡Escribe a diario!!

Pero antes de que corras a cargar tu AR con cientos de correos hay algo que debes aprender...

¿Qué escribir y cómo escribir? (piensa, el Formato de tus emails)

En unos capítulos, te daré a conocer un programa que te enseñará a escribir contenido que hace ventas, no te asustes, su precio es accesible para todos.

4. ¿Cada cuánto escribir? (2ªParte)

¿Hace sentido lo de escribir a diario?

Una persona me respondió que no estaba de acuerdo con eso.

Que podía "**molestar a sus suscriptores**" y "**hacer que se dieran de baja**".

Pregunta.

Cuando te dan contenido de valor incalculable, ¿te molesta?

Sé que la respuesta es no.

¿Y si lo hicieran diario te molestaría?

Hace unos meses hice un estudio sobre los correos que envían los marketeros hispanos.

Lo puedes ver aquí en mi blog.

En ese estudio me percate que 99% de los marketeros se dedicaban a enviar promoción tras promoción, pero con el tipo de correos plaga, "**Ve a ver esto**", "**compra esto**", etc.

Si esos marketeros plaga te escriben a diario (muchos lo hacen), es lógico que termine por tener el efecto no deseado: Molestarse y darse de baja.

Pero si por el contrario, ese 1% de los que te dan valor lo hacen a diario, lo que sucede es que te dan más valor que quien te escribe solo 1 vez/mes.

¿A quién tendrás más presente?

Hay 3 marketeros que admiro por la forma en que escriben

correos a sus suscriptores, son mis ídolos en ese sentido.

Peter, André y Ben.

Peter escribió una sola vez en el último año, (no es broma). Disfruté mucho ese correo, me encantó, pero después pasan meses donde no pienso en él, se me olvida que existe.

André escribe un promedio de 2-3 veces por mes a su lista. Aun teniendo todos sus productos y estando suscrito en todas sus listas, no recibo nunca más de 4 correos por mes.

En todos sus correos hace recomendaciones de productos (piensa, vende en todos sus correos), recomendaciones que compro sin dudarlo un segundo, porque confío en él.

Ben escribe a diario (y vende en todos sus correos). También compro todos sus productos y siempre estoy esperando que recomiende más para comprarlos.

Amo lo que escriben y el valor que me dan en sus correos, su contenido es incalculable para mí.

Pero ¿quién crees que tiene toda mi ATENCIÓN y más dinero mío en su cuenta de banco?

La respuesta es...La respuesta es **Ben**, todos los días al despertar, reviso mi correo y ahí está.

Es lo primero que hago en el día, leer su correo.

Agradezco que Ben escriba a diario y tú vas a lograr lo mismo con tus suscriptores al finalizar este libro, <u>¡hacer que te agradezcan por escribirles a diario y que no duden en adquirir lo que les recomiendes!</u>

Pero hay una excepción para esta regla de dar valor y es...

¡dar demasiado valor!

Tiene el efecto contrario, esto lo aprendí en una Capítulo de Contenido que Hace Ventas, pronto tendrás acceso a esa Capítulo.

Ahora quiero que hagas este ejercicio mental:

- **Piensa en tu marketero favorito, del que más disfrutas abrir y leer sus correos.**

- **Recuerda cuantos correos te envía al mes, ¿4? ¿8?**

- **Piensa ahora si te gustaría recibir más de él, un correo diario por ejemplo.**

- **Si tu respuesta es: "No, no quiero recibir más correos suyos", quizá es que no te da suficiente valor, realiza nuevamente el ejercicio con otro marketero.**

- **Sigue así, hasta que acabes con tu lista de marketeros favoritos y sabrás quién merece tu atención y quién no.**

5. ¿Cómo redactar tus correos?

Redacta tus correos de manera "sexy".

Este concepto lo aprendí en el programa **"Contenido Que Hace Ventas"**.

¿Qué es redacción sexy?

Redacción que sea fácil de leer por tus suscriptores.

Contenido no sexy.

Párrafos largos.

Cuando recibo correos con párrafos largos... no puedo leerlos, comienzo a hacerlo y enseguida me duele la cabeza.

Solo cuando es un correo de algún suscriptor o cliente lo leo, pero tengo que arreglarlo para poder hacerlo.

Solución:

Usa Format it: http://formatit.com/

Es gratis, viene predeterminado con un ancho de columna de 50 caracteres, usa ese mismo ancho o menos si lo deseas.

Párrafos cortos ¿ok?

Ancho de columna de 50 caracteres y 4 a 8 líneas por párrafo como máximo.

Si usas sólo letras MAYÚSCULAS la cosa se pone peor.

Evítalo también.

Contenido extenso (aun luchando contra ello).

Mantén tus correos cortos, de forma que sean leídos en menos de 5 minutos, si los haces muy largos, no losconsumirán.

Ve al grano, evita palabras que sobren, palabras redundantes.

Ejemplo:

"El día de hoy amanecí en la mañana con una gran cantidad de hambre, hubo un lapso de tiempo en el que creí firmemente que me iba a desmayar, pero tiempo después, comí algo y con eso que comí, se me quitó esa sensación que tenía."

ZZZZZ...

"Amanecí hambriento, sentí que me desmayaba, pero comí y se me quitó esa sensación."

¿Viste?, misma idea transmitida con 14 palabras en lugar de 48.

Solución.

Redacta normal tu correo, al final, dedícate a quitar palabras que puedan sobrar.

Más Recomendaciones.

- **Comienza tu correo con un saludo.**
  Yo utilizo: *"Heliosaki aquí"*.

- **Usa [+] para hacer viñetas.**

- **Cierre.**
  Haz un cierre amistoso: *"Tu amigo, Heliosaki"* o *"Un abrazo, Heliosaki"*.

- **Pon un apodo-leyenda entre nombre y apellido.**
  Por ejemplo: *Helio "Aprendió a escribir sexy" Laguna*.

  Es diferente, nadie lo hace. Sirve como llamado a la acción o para reafirmar tu idea principal.

- **Posdata (PD, Pd).**
  La recomiendo, puedes usarla como llamado a la acción, o para iniciar otra idea, nos sirve para las Secuencias De Telenovela (SDT).

Aplica estos consejos si quieres que tus correos sean leídos. No hay nada peor que un correo con contenido valioso que no sea leído porque no es sexy.

6. ¿Qué no escribir?

Antes de pasar al contenido que puedes escribir es mi deber indicarte que contenido no escribir.

No escribas cosas aburridas.

ZZZZZ....

Si escribes cosas aburridas, vas a matar la venta y a tu suscriptor, de aburrimiento.

Si haces tus emails sexys como vimos en el capítulo anterior, sin palabrerías redundantes y cortos, es decir, que se puedan leer en menos de 5 minutos, estarás alejándote de lo aburrido.

Utiliza ejemplos o analogías divertidas y exagera cuanto quieras en esas analogías, al fin y al cabo, sólo son ejemplos para dar una Capítulo.

No estás mintiendo, puesto que es algo que estás inventando.
¡Si vas a inventar, inventa en grande!

Evita usar contenido de otros.

No hay nada más aburrido que leer algo que acabas de leer.

Hay marketeros que reciben un correo de su marketero favorito y en cuanto lo hacen, simplemente lo copian a su Autorespondedor y lo envían como propio.

Lo sé porque me toca leer el contenido original y después el contenido copiado.

Y lo sé también porque...

¡Yo mismo cometí ese error mucho tiempo!

Y lo que es peor aún, ¡me sentía orgulloso de que ciertos marketeros me diesen su consentimiento para reenviar sus emails!

A ver si te suena el haber leído alguna vez algo como esto:

"Mi amigo [nombre de marketero] me acaba de enviar un correo que me encantó, te dejo con él:

[Cuerpo del correo conocido]"

Las personas que están en tu lista pueden estar en muchas listas más.

Nunca utilices al pie de la letra contenido de otros.

Estarás asegurando que las personas cierren tus correos a los 10 segundos de comenzar a leerlos.

"Esto ya lo leí antes", dirán.

Y cerrarán tu correo.

Conclusión.

Adereza tu contenido con ejemplos y analogías y nunca, nunca, nunca, utilices el contenido de otros.

En los próximos capítulos vas a conocer una estrategia para hacer correos que tengan a tus lectores pegados a su computadora esperando tu siguiente correo.

¿Te animas a seguir leyendo?

7. ¿Qué sí escribir?

Este es el contenido que debes escribir para hacer tus correos irresistibles:

Contenido Divertido.

Diviértete en cada correo.

Si lo que estás escribiendo no te divierte, quizás debas considerar el cambiar de nicho.

Sé tú mismo, usa tu personalidad, usa tu lenguaje coloquial, tus propias palabras, tu tono casual, un email a tus suscriptores no tiene por qué ser serio.

Si lo haces así, ya vimos que es la receta para que te dejen de leer.

Contenido valioso

Si no entregas valor en cada correo, estás asegurando que dejen de abrir tus correos.

Vender en tus correos no está peleado con dar valor en ellos.

Da valor y a continuación vende.

Mira   mis correos: http://www.getresponse.es/archive/helio017/

En todos busco dar valor y a continuación vender.

Recuerda...

Tus correos deben cumplir estas premisas FUNDAMENTALES:

1. **Deben ser Divertidos.**

2. **Deben dar Contenido Valioso para el lector.**

3. **Deben Vender Siempre.**

Ah y deben tener una cosa más... **"Efecto Zeigarnik".**

Se trata de una técnica extremadamente efectiva.

Te la revelo en el siguiente capítulo.

8. Historias y casos de éxito

En el capítulo anterior te hablé de una técnica extremadamente efectiva... el **"Efecto Zeigarnik"**.

Y te dije, "*Te la revelo en el siguiente capítulo*".

Lo que hice precisamente, fue aplicar el **"Efecto Zeigarnik"** contigo.

Dejé algo inconcluso para asegurarme de que estuviera presente en tu mente.

Utiliza el poder de los inconclusos en tus correos.

Puedes utilizar la posdata (PD) de tus correos para contar una pequeña historia, que dejes inconclusa hasta tu siguiente correo.

En otras palabras, ¡**escribe historias!**

Es un contenido muy poderoso sobre el cual escribir.

Otro más: **Casos de éxito.**

Las personas pueden pensar que mi programa *El Anti Afiliado* me funciona porque soy un Anti Afiliado, yo lo inventé.

¿Pero qué tal si les muestro que les funciona a mis clientes?

Están indefensos.

Si le funciona a una persona "normal" (yo también soy normal) les puede funcionar a ellos mismos.

Este tipo de contenido es ideal para generar ventas.

Aquí un ejemplo <u>de un caso de éxito</u> de mi programa *El Anti Afiliado*

Pero también me apalanco de él para usarlo como afiliado.

<u>Mira este correo que envié</u> usando un caso de éxito de un producto que ni siquiera es mío.

¿Lo puedes ver? Es contenido que vende bajo el radar mientras desarma a los incrédulos.

Un tándem ideal sobre el cual sí escribir.

Voy a revelarte otro par de contenidos sobre el cual escribir y cómo utilizar a tu favor los grandes errores que está cometiendo el mercado.

Pero eso ya será en el siguiente capítulo. (Efecto Zeigarnik de nuevo, jejeje).

9. Un gran error que el mercado está cometiendo

Este es uno de mis contenidos favoritos sobre qué escribir, de hecho creo que abuso de él.

Me encanta señalar los errores que el mercado está cometiendo y con esto desarmo a la competencia, quedo como la única opción viable/confiable.

Cuando detallas los errores que el mercado está cometiendo, identificas quién de tus marketeros favoritos está cayendo en ese error...

...Y eso te deja un peldaño arriba de los demás, como alguien a quien sí hay que seguir, porque no comete ese error que todos cometen.

De hecho no solo no lo cometes, sino que le avisas, para que tampoco lo cometa, piensa, es un contenido valioso, un gran tip.

Este capítulo, sin que lo supiera, es una de las lecciones del programa Contenido Que Hace Ventas.

Ya es hora de que conozcas ese increíble programa, puedes conocerlo haciendo clic aquí.

¿Cómo funciona?

Paso # 1. Les mencionas el gran error que el mercado está cometiendo.

Ejemplo:

Es un gran error escribir puros correos promocionales, correos plaga, como también es un gran error escribir sólo cuando tengas algo importante que escribir.

Paso # 2. Les explicas por qué es un gran error.

Si escribes promoción tras promoción a diario a tu lista de suscriptores, se van a molestar y se van a dar de baja de tu lista.

Por otra parte, si les escribes una vez al mes, porque no tienes nada importante que decirles, estas logrando que se olviden de ti y estás haciendo que te vean como un novato, que no tiene un negocio estable en internet.

Ahí lo tienes.

Un gran error que el mercado está cometiendo.

Utiliza el arte de vender sin vender, piensa, si lo que enseñan los gurús está mal (es un error que el mercado está cometiendo) y lo que te enseño tiene sentido para ti, queda mi producto como la única opción disponible a elegir (a comprar).

Los Gurús enseñan: escribe emails plaga o cuando tengas algo importante que decir (que al parecer muy pocas veces tienen algo importante que decir).

¡Y eso está mal!

Si lo que dice EMAIL MARKETING ACELERADO tiene sentido para ti, ya no comprarás otro programa sobre Email Marketing que no sea EMAIL MARKETING ACELERADO, a menos que te interese aprender a cometer errores.

¿Viste cómo se hace?

10. Cuenta historias

Uno de mis contenidos favoritos sobre qué escribir son las historias.

Me encantan las historias, a todo el mundo le encantan.

Las historias venden bajo el radar, porque "sólo es una simple e inofensiva historia."

Email contando una historia:

"*Eran aproximadamente las 10 pm, apenas comenzaba la reunión por Skype que había sido programada para las 08 pm.*

En la pantalla, Emilio entraba a su cuenta "Master Account de Clickbank" para mostrarnos a Carlos Juez y a mí, en vivo, algo que me dejaría
helado.

Se trataba de sus ganancias como afiliado del mes de diciembre.

¡15,000 dólares en ganancias tan solo en ese mes!

"Tenemos que hacer que tu sistema llegue a toda Hispanoamérica", mencionaba Carlos Juez (CJ).

"Dame dos meses para grabar todos los

vídeo tutoriales Carlos", respondía Emilio.

CJ: "Chévere, justo el tiempo que necesito
para preparar el lanzamiento. Heliosaki, tú
vas a contactar alianzas, todo el mundo te
conoce".

Heliosaki: "Con gusto hermano".

Cuatro meses después lanzamos Central de
Negocios, (CDN), un lanzamiento de 6 cifras.

Nunca se prometió, durante la promoción de
CDN, que se podían lograr ganancias de 15 K
en un mes.

Jamás se mostró una sola imagen de la cuenta
Master Clickbank de Emilio.

No era necesario. Había muchos más argumentos
de venta de donde echar mano.

Y lo hicimos así porque hubiera sido
   incorrecto
mencionar que se podía generar ganancias de
15 K con su sistema, porque...

¡El 70% de sus ganancias provenían del mercado
Anglosajón!, piensa el mercado más grande del
mundo.

Un mercado al menos 1,000 veces más
grande que el hispano.

Un mercado lleno de compradores, con un poder
adquisitivo impresionante.

Pero para lograr esas ganancias había que superar la barrera del idioma, no solo conocer el sistema de Emilio.

Así que tener acceso al sistema y herramientas de Emilio no era suficiente para esas ganancias.

Pero ahora es posible :-)

Emilio acaba de crear y empaquetar decenas de sitios y artículos en inglés para que tú los puedas "copiar y pegar" siguiendo sus instrucciones totalmente en español.

Utilizando las herramientas que proporcionó en CDN y muchas otras más, plugins, plantillas, etc.

Y ha puesto un precio de risa a ese programa, muy lejos de los 300 usd que costó CDN.

Pronto subirá su programa a Clickbank y habrá un programa de afiliados.

Seguramente lo promocionaré al estilo "El Anti Afiliado", porque ya analicé su contenido y funciona, soy un estudiante de su programa.

Pero no puedo esperar hasta eso suceda. Por eso es que estoy hablándote de él hoy.

Para conocer su programa puedes buscar en google "afiliablog", ir a afiliablog.com o dar clic en este enlace:

http://afiliablog.com/ (no es link de
    afiliado)

También se me ocurrió algo dinámico.

Emilio tiene un grupo de "beta testers" que
están usando AfiliaBlog desde hace más
tiempo que yo.

Se me ocurrió que podías contactarlos en
Facebook para preguntarles más sobre el tema.

Andrés Perlaza:
https://m.facebook.com/#!/wachoandres?__user=8
    12669349

Angélica Negroe:
https://m.facebook.com/#!/angienegroe?__user=8
    12669349
Correo: angelicanegroe@gmail.com

Es todo lo importante que tenía que decirte
    hoy.

Tu amigo,

Heliosaki "está incursionando en el mercado
    anglo"
Laguna

PD: Me encantaría que nos apoyemos en esta
nueva experiencia, si entras a AfiliaBlog, me
avisas para formar un grupo de mastermind o
    algo
así.

PDD: No es la primera vez que voy a invadir

EEUU,
en una ocasión vendí en un sitio de ofertas estilo
Groupon, mis juegos de mesa en inglés, fue todo
un éxito, en la otra fui a Disney con mis hijas,
esa invasión sí estuvo pesada, jejeje.

Este email está basado en una historia que sucedió realmente.

Una de las mejores maneras de escribir emails es pensar en cosas que te han pasado, ya sean buenas o malas y ponerlas en tu email, introduciendo al final como parte de la historia, tu producto o el producto que estás promocionando como en este caso.

Hay que practicar, pero vale totalmente la pena.

No te preocupes si piensas que la historia que vas a contar carece de conexión con lo que promocionas, simplemente comienza a escribir teniendo en mente dónde meter tu promoción y verás que la encuentras fácilmente.

Es todo en este capítulo, cuenta historias.

11. Preguntas y respuestas

Uno de los contenidos sobre qué escribir, son las Preguntas y Respuestas, vamos pues con ello...

Email Preguntas y Respuestas.

Heliosaki aquí.

Acabo de recibir esta interesante doble pregunta de Carlos:

"Hola Helio,

Estoy interesado en tu curso de El AntiAfiliado,

Pero antes quisiera aclarar dos inquietudes.
Espero que me puedas ayudar!

1.- Pareciera que todo lo de lanzamientos aplica para el nicho de "Marketing Online" o "Negocios en Internet" (Que son los lanzamientos que yo veo a cada rato!).

Estas estrategias se pueden aplicar para promover como afiliado info-productos en otros nichos?

2.- Además de la inversión en el curso, para poder aplicar las técnicas, ¿qué otras herramientas debo adquirir adicionalmente?

Helio, espero me ayudes con estas dudas, para así tomar una pronta decisión de compra!!

Un Cordial Saludo

Carlos"

Esta fue mi contestación:

*"Hola Carlos, las estrategias <u>de El Anti Afiliado</u>
las apliqué en lanzamientos, para ganar esos
lanzamientos, tenía obsesión por eso (quizás aún la
tengo :-).*

*Los lanzamientos son cortos, 2-3 semanas máximo,
así que tenían que ser estrategias muy efectivas y
rápidas.*

*Por lo mismo, funcionan mucho mejor para
productos que no son parte de un lanzamiento,
es decir, productos que son perpetuos,
y claro que funcionan para todos los nichos.*

*Incluso funcionan mejor para otros nichos
fuera del nicho ganar dinero porque
si en el nicho de dinero hay algunos
afiliados (muy pocos) que implementan
algunas de estas estrategias,
fuera de este nicho no hay nadie.*

Es un océano azul libre de competencia.

*Y si el Anti Afiliado se trata de ser diferente
para tener la atención de tus prospectos para
hacer que estos compren contigo, en nichos fuera de
"ganar dinero" serias el único utilizando estas estrategias,
con lo que tendrías la
atención & dominio del mercado.*

*Son varias las herramientas que recomiendo,
no son necesarias tenerlas para aplicar*

las estrategias de <u>El Anti Afiliado</u>,
puedes ser un Anti Afiliado incluso dentro
de Facebook, cosa que enseño
en el programa, El Anti Afiliado es acerca
de estrategia, no de tácticas (herramientas).

Espero haber resuelto tus dudas.

Un abrazo,

Heliosaki"

PD. Si al igual que Carlos tienes alguna pregunta sobre
<u>El Anti Afiliado</u>, solo da "Responder", estaré encantado
de responderlas.

Comentario:

Las preguntas y respuestas son increíbles.

Usa todas las preguntas que te llegan y contéstalas a tu favor.

Tip masivo: Puedes utilizar estas preguntas y respuestas para eliminar objeciones.

Piensa, tienes todo el tiempo del mundo para hacer a tu favor cualquier tipo de pregunta, por más incrédula sobre tu producto que esta sea.

Otro Tip más: Puedes contestar una pregunta que quisieras que te hicieran, para resaltar cualquier cosa de tu producto.

Las preguntas y respuestas son un pretexto ideal para

vender, solo contesta o inventa una pregunta relacionada con tu producto y es todo, ¡estarás promocionando gratuitamente tu producto!

Por cierto, es otra forma de vender sin vender, después de todo, solo estas contestando una pregunta.

12. Los checklists

Los Checklists son grandiosos y pueden ser sobre cualquier cosa que decidas, características de tu producto, beneficios de tu producto, buenas prácticas del mercado (asegúrate de incluir ahí las prácticas de tu producto), errores que está cometiendo el mercado y al final mencionas que tu producto no enseña esos errores que otros productos sí.

Esta es muy buena, imagina un Checklist de los mejores productos de tu nicho de mercado y al final (fuera incluso de ese Checklist) mencionas tu producto, haciendo toda la promoción que quieras de él).

Ejemplo de Email Checklist.

Hey, Heliosaki aquí.

Te comenté hace dos días el "top ten" de las prácticas actuales de los gurús que hacen marketing de afiliados.

Es momento de comentarte el "top ten" de las prácticas del Anti Afiliado:

*[1] Promocionar productos en los que confía, y solo después de haberlos consumido y confirmado
que funcionan.*

*[2] Utilizar marketing Ético y Honesto, el Anti Afiliado
no tiene por qué mentir sobre el producto, al consumirlo conoce sus fortalezas y debilidades*

y

las fortalezas las usa como ángulos de promoción
(anti discursos de venta) y las debilidades
las "repara" compilando todo en un apetitoso anti bono.

[3] El Anti Afiliado crea su propio mensaje de marketing,
(su anti discurso de ventas), encuentra ángulos y/o un
concepto central para promocionar el producto.
Tip: el concepto central de mi programa El Anti Afiliado es:
"Por qué los afiliados del montón fracasan mientras
los Anti Afiliados obtienen el éxito y las comisiones"
y en mi promoción recalco siempre esto, mi mensaje
tiene "foco", una de las características de un Concepto Central poderoso.
Tan solo conocer cómo crear un Concepto Central
te pondrá sobre el 99% de los marketeros.

[4] El Anti Afiliado ofrece un Anti Bono,
en palabras simples, contenido relacionado con lo
que estas comprando, hay toda una tecnología
para crear un Anti Bono apetitoso.

[5] El Anti Afiliado promociona su anti bono más
tarde como un producto, creando así los cimientos

de un imperio de información desde la misma promoción.

Tip: el programa El Anti Afiliado fue inicialmente un anti bono y ha sido entregado a 251 compradores como bono (piensa en todas las comisiones generadas gracias a él) y ahora ha sobrepasado las 100 ventas como producto.

Piensa en qué efecto tienen los bonos basura que entregan los afiliados del montón, ¿hay negocio posterior detrás de ellos?

[6] El Anti Afiliado da valor durante su promoción, las personas agradecen recibir promociones con esta estrategia, los suscriptores de los afiliados del montón se molestan y dan de baja de sus listas.

[7] El Anti Afiliado crea su propio embudo con conversiones totalmente diferentes a las de los afiliados del montón, 10 a 1 sobre la conversión de los afiliados del montón es una conversión totalmente normal que no sorprende a ningún Anti Afiliado.

[8] El Anti Afiliado crea sitios de revisión con

información valuable, información que ayuda a
pasar del punto A al punto B.

[9] El Anti Afiliado ayuda sin intercambio
   previo de
dinero, los gurús son inaccesibles, el Anti
   Afiliado
siempre está ahí, el Anti Afiliado va por el
   largo plazo,
el gurú por el corto plazo.

[10] El Anti Afiliado no es flojo, se da el
   tiempo de
crear su propio mensaje de marketing, piensa,
   anti
promoción, un anti bono que ayude realmente a
   sus
suscriptores, un anti webinar que da valor aun
   si no
compran y en el proceso crea su embudo de
   ventas
para crecer su negocio, recaba suscriptores
   que puede
monetizar más adelante en otra promoción.

[X^n]* Son muchas más, las prácticas que
   merecen estar
en el top ten, pero lamentablemente solo es un
   top ten.

----/FIN DEL TOP TEN/---

Si estas prácticas tienen sentido para ti,
   este es el lugar para comenzar a aplicarlas:
http://elantiafiliado.com/

Heliosaki "El Anti Afiliado tiene un top 100

Comentario:

Creo que ya lo he dicho todo, los Checklist son una gran oportunidad para generar contenido de valor a la vez que <u>vendes sin necesidad de vender</u>.

13. Controversia

<u>Este tipo de email tiene como resultado, la ATENCIÓN de tu prospecto.</u>

Es mi deber advertirte que debes de tener cuidado con este tipo de emails.

Puede generar enojo por parte de tu lista, piensa, estas desafiando algo en lo que ha creído por años, así que asegúrate de probar muy bien el por qué de tu desafío y no abuses de él.

(Más adelante vamos a ver un plan sobre cuándo usarlo y qué tipo de emails usar más que otros).

Ejemplo de Email con Controversia.

Hey Heliosaki here.

*Ayer me quedó por escribirte sobre
las prácticas del Anti Afiliado,
pero tengo algo mejor que decirte.*

*Los gurús dicen: "escribe a tu lista
cuando tengas algo que venderles,*

no los molestes en vano".

¡Maaalll! Están totalmente equivocados.

Los más sofisticados dicen:
"escribe a tu lista cuando tengas
algo importante que decirles"

También mal, ambos acercamientos están mal.

Hoy tengo dos cosas importantes que decirte,
de hecho, tengo cientos de cosas
importantes que decirte...

¿Acaso no tienes cientos de cosas
importantes que decirles a tus hijos cada día?

Pregunta para ti, ¿qué clase de gurú
es con el que estás suscrito,
que sólo tiene algo importante que decirte
una vez al mes/semestre?

Si no me equivoco, el 50% de esos gurús
regresan, no para decirte algo importante,
¡sino para venderte algo importante para
ellos!

Acercamiento 1:"escribe a tu lista cuando tengas

algo que venderles, no los molestes en vano".

Mira este ejemplo de email que recibí
(cambié palabras por sinónimos para
no meterme en problemas con gurús):

"Hey,

Probablemente no has sabido de mí en mucho tiempo,

pero hoy tengo algo importante que quiero que veas

ahora mismo, es un vídeo que contiene información

sobre lo que realmente se requiere para bla,bla,bla.

Este es un detalle de sus últimos emails.
Como puedes ver, ahora tiene cosas importantes
que decirme (venderme).

Del 03/05/12 al 17/12/12 no tuvo
una sola cosa importante en su vida, ¡pobre!

Tampoco del 17/12/12 al 28/05/13 le sucedió
algo importante sobre lo que escribir y
decirme.
Y no hablemos de cómo monetizó su lista en el
    último año.

Yo gano 54 usd por email,
no creo que los emails suyos,
alcancen los 10 centavos de dólar.

Regresando al consejo.

Si siguiera al pie de la letra el consejo,
tendría que enviarte cien correos cada día
(yo sí estoy pensando en marketing todo el
día,
desde las 06:00 AM que me levanto y leo
los correos diarios de mis mentores,
hasta la 01:00 am que estoy contestando
en Facebook preguntas de cualquier persona
que me contacta).

Así que tendría que enviarte
lo equivalente a un libro diario de 500
páginas,
de cosas importantes cada día,

pero eso solo te abrumaría.

Mis correos deben ser cortos,
que puedan ser leídos en menos de
[CONTENIDO EXCLUSIVO DE EMAIL MARKETING
ACELERADO] minutos.

De menos de [EMAIL MARKETING ACELERADO]
 palabras.

Y escritos de forma divertida y "sexy",
como enseño en EMAIL MARKETING ACELERADO.

EMAIL MARKETING ACELERADO es el nombre corto
de mi programa "Locura de Autorespondedor",
en el que enseño el acercamiento correcto
para contactar a tu lista y sacar
ganancias monstruosas de ella.

Qué escribir, qué no, cada cuánto escribir,
cuándo vender y muchas cosas más...

Puedes acceder por tiempo limitado,
totalmente gratis a EMAIL MARKETING ACELERADO
al comprar mi programa El Anti Afiliado:
http://elantiafiliado.com/

Tu amigo,

Heliosaki

Comentario:

Este email como puedes ver es **totalmente controversial.**

Desafía el dogma popular de escribir "**solo cuando tengas algo importante que escribir a tu lista**".

Decir que esa máxima **no lo es**, es totalmente controversial para muchas personas que han estado de acuerdo con esa idea durante años.

Son máximas intocables de la industria, como "**El dinero está en la lista**", "**necesitas mostrar los beneficios de tu producto**", "**más trafico = más dinero**", etc.

Asegúrate de que tu email pruebe por que el dogma popular está mal (¿te recuerda esto a un gran error que está cometiendo el mercado?

(Sí, lo viste en el capítulo 9).

Como resultado de este tipo de email controversia vas a recibir respuestas de las personas de tu lista y puedes usar esas respuestas para hacer emails Preguntas y Respuestas.

¿Te fijas como escribir a diario y recibir retroalimentación comienza a darte material para escribir más cosas?

Ese es el poder de EMAIL MARKETING ACELERADO.

¿Dime, ya habías aprendido esto en otros libros de Email Marketing?

Lo más probable es que esos libros solo te hablen sobre asuntos de correo, días y horarios para enviar tus correos, testeo de correos, tasas de apertura y esas cosas y sobre prepararte para enviar un correo al mes y que este lo abra un 15% de tu lista en lugar del 3-5% de apertura que normalmente tienes.

Más adelante vas a ver cómo lograr tasas de apertura del 50% o más (te mostraré ejemplos de más del 100%).

14. Combo

Este capítulo es doble, un combo: **Email Caritativo e Inspiracional.**

Email Caritativo:

Encuentra una causa de caridad en la que creas y envía un correo acerca de eso.

Para hacer más valioso tu aporte, puedes obsequiar algún reporte o vídeo valioso tuyo (incluso un producto) como bono a cambio de que realicen su donación u aportación a la causa que estas promoviendo.

Atención, atención, este tipo de emails <u>no son para ganar dinero</u>, son 100% libres de promoción, **no vendas nada en este tipo de emails, es solo dar sin esperar nada a cambio.**

Tu lista te respetará por esoyte recompensará más adelante por tu generosidad.

Te pondrá aparte del resto de los gurús que solo hacen algo a cambio de dinero.

Ejemplo de **Email Caritativo e Inspiracional**

Hey Heliosaki aquí.

Ana Colchero es una actriz mexicana exitosa de televisión, teatro y cine, al menos, eso era
hasta 2001, año en el que decidió regresar a su pasión de siempre: la literatura.

En 2006 publica *"Entre dos Fuegos"* en 2007
"Los hijos del tiempo" y en el 2011 escribe
 su
nueva novela negra, *"NACEMOS MUERTOS"*.

Es en la publicación de esta última novela
 donde
Ana nos da una Capítulo de marketing y de
 vida.

Esta es la historia.

Ana decide auto publicar su última novela,
¿la razón? asegurar que su obra se publique
 tal y
como ella quiere que se publique, sin que
 ninguna
editorial le diga qué publicar y qué no.

Para hacerlo decide llevar a cabo lo que se
 conoce
como un "crowdfunding" (financiamiento
 colectivo),
en este link<< puedes leer una explicación
 magistral
de Ana sobre lo que es un crowdfunding.

El objetivo es recabarla cantidad de $ 61,000
 pesos
mexicanos, (5,000 dólares), mediante los
 cuales se
financiará todos los gastos relacionados con
 la
producción de la novela.

Si los consigue, la novela se publica, caso

contrario
regresa todas y cada una las aportaciones.

Capítulo de marketing:

No se necesita dinero para hacer realidad tu
obra/producto/idea/sueño, puedes conseguir
financiamiento de otros para lograrlo, solo
hay que ser creativo.

Capítulo de vida:

Ana se acercó a una empresa
dedicada al crowdfunding,
al final de cuentas, esa empresa
no cumplió con lo prometido,

Sin embargo, eso no detuvo su sueño
y decidió hacer su propia financiación,
abrió una cuenta gratuita en _blogguer_
para crear su blog promocional
y una cuenta en _paypal_ para
recabar las aportaciones.

Ofreció _recompensas_, como bonos
y ofertas aumentadas, para aumentar
los ingresos, ¿resultado?

Ana alcanzó y supero su objetivo.
Ana cumplió su sueño.

Si tienes un sueño y quieres conseguirlo,
el dinero no es el problema, el problema es
el no salir de la zona de confort.

Heliosaki "crea tu propia financiación

y cumple tus sueños" Laguna

PD: "No es la falta de dinero lo que te impide hacerlo,
es la falta de creatividad con respecto al dinero"

Email Inspiracional

Este tipo de emails están diseñados para inspirar a las personas a tomar acción.

En el caso de este ejemplo, a que emprendan sin necesidad de contar con el dinero para su emprendimiento.

Los emails inspiracionales son ideales para vender si sigues esta secuencia:

1. **Inspiras a la persona a tomar acción.**
2. **Ofreces tu producto para como opción para que tomen acción.**

15. Email encuesta

El objetivo del Email Encuesta es conocer los intereses de tu lista, es decir, conocer qué es lo que quieren COMPRAR, para recomendarles cosas relacionadas.

Muy simple jeje.

Ejemplo de **Email Encuesta**

Hey Heliosaki aquí.

Estoy por enviarte información importante en los próximos días, incluyendo una entrevista que me hicieron, un reporte especial y muchas cosas más (puro contenido valuable).

Pero antes, ¿puedo pedirte un favor?

Quiero saber cómo puedo ayudarte a alcanzar tus metas este 2013.

Para eso quiero escribirte sobre cosas relacionadas con esas metas, específicamente me gustaría saber:

1. Cuál es tu principal frustración relacionada con el marketing de afiliados.

2. Sobre qué tema te gustaría aprender más.

3. Qué productos específicos te gustaría que te recomendara.

4. Si puedes, háblame acerca de ti, qué estás

haciendo para ganar dinero, si tienes algún sitio web, qué problemas estás enfrentando.

Para participar en esta pequeña encuesta solo da "reenviar" y es todo, contestaré en cuanto reciba tu respuesta.

Agradezco sobremanera que te tomes el tiempo en responder.

Heliosaki "en que te puedo ayudar" Laguna

Ahí lo tienes.

Puedes hacer una encuesta informal como esta o una apoyándote de sitios gratuitos como Survey Monker o Google Docs.

Como sea que la hagas, acuérdate de hacer la pregunta clave, "¿sobre qué productos te gustaría que te hiciera recomendaciones?"

No es propiamente vender en el email pero nos da información para saber que vender en los siguientes emails.

16. El plan de email marketing

Es momento de comenzar tu plan de Email Marketing.

El objetivo del plan:

Duplicar tus ganancias en los siguientes 30 días.

Te voy a dar, un plan para saber qué escribir en los siguientes treinta días.

Los resultados que se han obtenido consistentemente con las personas que lo han aplicado son de, al menos, duplicar tus ganancias.

Pero lo normal son incrementos del 500% o 1,000%

No, estoy bromeando.

¡Funciona como ninguna otra cosa que haya visto antes!

El propósito de este sistema es variado:

- Hacer que comiences a escribir inmediatamente (cuanto más lo hagas, más fácil se vuelve).

- Hacer que ganes dinero rápidamente.

- Mostrarte el poder del email (después de hacer el plan de 30 días, te darás cuenta de lo rentable que es el Email Marketing y cómo es una de las formas más rápidas para crear dinero a voluntad.

Tan rápido como hoy mismo.

Primero voy a mostrarte un simple calendario de emails para escribir a tu lista.

Son 20 emails, (puedes tomarte los fines de semana de descanso).

Cuanto más rápido comiences, más rápido generarás ganancias.

Los emails tratan de las lecciones con ejemplos, que hemos visto en capítulos pasados. ¡Así que ya puedes comenzar a enviar estos correos, no hay pretextos!

Ok, comencemos, este es el calendario:

Semana No. 1:

Lunes- Cuenta una historia.
Martes- Preguntas & Respuestas.
Miércoles- Checklist.
Jueves- Caritativo.
Viernes- Inspiracional.

Semana No. 2:

Lunes- Controversia.
Martes- Encuesta.
Miércoles- Un gran error que el mercado está cometiendo.
Jueves- Checklist.
Viernes- Casos de éxito.

Semana No. 3:

Lunes- Inspiracional.
Martes- Casos de éxito.
Miércoles- Cuenta una historia.

Jueves- Controversia.
Viernes- Preguntas & Respuestas.

Semana No. 4:

Lunes- Cuenta una historia.
Martes- Checklist.
Miércoles- Preguntas y Respuestas.
Jueves- Inspiracional.
Viernes- Casos de éxito.

Ahora algunas recomendaciones:

La frecuencia es clave.

Si quieres posicionarte como líder (no solo otro "experto") en tu nicho de mercado, entonces tienes que escribir a diario (días 03 y 04).

Escribir a diario te hará salir de entre los marketeros aves de paso, novatos, que escriben de vez en cuando, fracasan y se esconden 3 meses más a planear su regreso.

Dime sinceramente, ¿te parece profesional alguien que va y viene?

¿Te parece profesional un amigo que llega un día a hablarte sobre su oportunidad de red de mercadeo, no logra afiliarte se va y regresa 3 meses después a mostrarte otra oportunidad?, ¿te parece un "líder" a quien seguir, alguien así?

Voy a ser completamente claro contigo.

"Si quieres ganar mucho dinero escribe tan frecuentemente como puedas"

La clave es enviar buenos emails y eso ya lo hemos aprendido.

Redacta tus correos de forma sexy. (día 05)

Aprende qué SÍ escribir (día 07) y qué NO escribir. (día 08).

Recuerda, en cada email tienes que VENDER (día 02) o solicitar alguna acción que te acerque a la venta.

Sólo asegúrate que sea un producto que ellos quieran, usa emails encuesta (día 15), de otra forma 100 emails no ayudarán.

Ahora que ya conoces la técnica y la estrategia a seguir, voy a darte a conocer diferentes tipos de secuencias de correos, para que te sirvan como fuente de inspiración.

17. Secuencia de lanzamiento de productos

La primera de las secuencias de lanzamiento de promoción con email es:

"Secuencia de Lanzamiento de Productos" (SLP para abreviar).

La SLP, como su nombre indica, es una secuencia de correos creada para lanzar un producto y funciona para cualquier producto, tuyo o de afiliado.

Puede ser usada para productos que siempre están a la venta o productos donde la oferta estará disponible durante un periodo determinado de tiempo, o sea, un lanzamiento.

Consiste en una secuencia de correos (típicamente 3, pueden ser más), que proporcionan valor real mientras promocionan un producto como solución a algún problema.

La SLP tiene foco, está enfocada en un producto únicamente, existe otro tipo de secuencias como las Secuencias De Telenovela (SDT) que se pueden enfocar en múltiples productos.

La promoción es <u>en forma de una HISTORIA</u>.

Se elabora de tal forma que obliga a los prospectos a que se enganchen y consuman todos los correos de la secuencia.

El primero de los correos es para informarles de que estás llevando a cabo una promoción y mencionarles que les vas a enviar 3 correos, el que están leyendo, el segundo con un Tip masivo y el tercer correo con un ~~bono~~ anti bono.

Se tiene que hacer así para que estén enterados que son 3 emails y estén atentos para consumirlos.

El objetivo del segundo email es el de proporcionar valor masivo y despertar el interés por tu ~~bono~~ anti bono.

Por último, el tercer correo tiene como objetivo revelar tu ~~bono~~ anti bono.

Hasta aquí la visión de "pájaro" de qué es una SLP, mi consejo es que vuelvas a leer otras tres o cuatro veces este capítulo, hasta tener bien asimilado su contenido.

Luego, ya estarás preparado/a para pasar al siguiente capítulo, en el que nos adentraremos a detalle en esta estrategia.

18. Más sobre slp

Continuamos con la "**Secuencia de Lanzamiento de Productos**" (SLP).

Te comenté anteriormente que una de las diferencias entre la SLP y las SDT (Secuencias de Telenovela) era que las SDT recomendaban múltiples productos y una SLP tenía foco, es decir, **se enfoca en UN SOLO producto a promocionar.**

Otra gran diferencia entre ellas, es en la manera de enviar los emails.

La SDT se envía por medio de correos automatizados ("Follow Ups" o correos de seguimiento) y la SLP es una serie de emails enviados como "Broadcasts".

La SLP, preferentemente, debe ser enviada a un segmento de tu audiencia (lista) que tenga interés en el tema de la promoción.

Excepción: Si tienes una lista pequeña puede ser no muy rentable realizar la segmentación.

¿Cómo saber cuándo no?

Si al segmentar, terminas con una lista de 100 interesados o menos, sería muy complicado esperar muchas ventas con solo 100 prospectos.

Continuemos con la SLP.

Los emails pueden ir desde 1 a varios, preferentemente 3 aunque no hay límite.

La idea detrás de segmentar, es no mostrarle a tu lista una oferta que no tiene relación con ellos, por ejemplo, no enviarle una promoción sobre cómo ganar dinero con Facebook a una lista de personas interesadas en "bajar de peso".

Las SLP pueden ser creadas una vez por semana/mes/trimestre, será más fácil conforme vayas creando más sub-listas, que estarán encantados de recibir este tipo de promociones porque "encajan" con ellos.

El día que conocí el poder de esta estrategia.

Durante mi promoción de Afiliados Delta cree un sitio de membresía al estilo El Anti Afiliado:
http://elantiafiliado.com/

Generé más de usd $ 3,000 en comisiones con una pequeña lista de 163 interesados. Mira la imagen:

Algo así como 20 ventas de esa pequeña lista.

Fui el afiliado # 7 en ese lanzamiento, masacrando a gurús que promocionaron arduamente correos plaga a sus listas de 100 mil personas y ese día me percaté de que las SLP eran poderosísimas, si se enviaban a personas INTERESADAS.
De ahí la importancia de segmentar poco a poco tus listas.

Hay algo muy importante que debo advertirte.

Las SLP no tienen la misma efectividad si no vienen precedidas de una SDT.

Si no cultivaste primero una relación por medio de una SDT no tendrán la confianza que se requiere para tener este tipo de conversiones monstruosas.

Recomendación: Realiza   primero   Secuencias De Telenovela.

¿Qué más influye en la efectividad de una SLP?

- **El nicho.**

¿Cómo es de afín tu suscriptor a la oferta que le estás enviando?, como te decía, una SLP del nicho ganar dinero a prospectos del nicho bajar de peso no sería una gran idea.

¡Ojo! Las SLP son universales. Puedes usar una para promocionar un producto de bajar de peso a una lista con ese interés, no es exclusiva del nicho "ganar dinero".

- **El conocimiento de tu audiencia.**

La clave es conocer y entender las necesidades de tu audiencia, mejor que ellos mismos.

La persona que mejor conoce las necesidades de su audiencia, gana.

Es por eso que en pongo mucho énfasis en ello.

- **La relación con tu audiencia.**

Cuanto mayor sea la relación con tu lista, mejores serán tus resultados.

De ahí la importancia de fomentar esta relación en una SDT.

19. SLP (3ª Parte)

Seguimos con la "**Secuencia de Lanzamiento de Productos**"

Te he hablado anteriormente sobre las Secuencias De Telenovela (SDT).

Asegurarte de dar valor masivo en ellas, dar consejo y "protección" a tu audiencia debe ser tu principal objetivo.

La recompensa es "fans ansiosos por tu contenido", es decir, personas que van a comprar en tus SLP sin pensarlo.

<u>Crea tu relación y cultívala con tus SDT, cosecha con tus SLP.</u>

Así es como tendrás un negocio sustentable a largo plazo.

Apuesto a que esto no te enseñan los gurús en sus cursos sobre tasas de apertura. ¿O sí?

Más sobre la efectividad de las SLP.

Anillo al dedo.

Esto es, que la oferta que estás promocionando, se ajusta a las necesidades y deseos de tu audiencia.

Ejemplo: Un programa que encaja perfectamente con tu interés en monetizar una lista de suscriptores, es la capacitación de Omar llamada "Contenido Que Hace Ventas":
http://elmercadologo.com/privado/helio/

Sin embargo si hago una SLP contigo sobre <u>Comisiones Facebook</u>, no esperarías grandes conversiones.

¿Tiene sentido?

Sincronización adecuada.

Esto es especialmente relevante para el nicho de "ganar dinero".

En el nicho ganar dinero hay lanzamientos masivos continuamente, por lo tanto, es una mala idea realizar una SLP en medio de un gran lanzamiento, piensa, tu lista estaría distraída con ese gran lanzamiento.

Realiza tus SLP unos cuantos días antes de los días de paga, 15 y 30, del mes, no querrás lanzar tu oferta cuando las personas no tengan dinero para comprarla.

El flujo correcto.

Opción 1.

1. <u>Realiza una SDT.</u>

Tu SDT puede ser de pago o gratuita.

Nota: tengo varios cursos que entrego gratis para crear una relación con las personas, para hacerlos fans.

2. <u>Promociona SLP a las personas de esa SDT.</u>

Opción 2.

Tienes una lista general.

1. Segmenta tu lista.

Envía un correo a esa lista avisándoles de que vas a realizar una promoción.

2. Promociona tu SLP a esa lista segmentada.

Atención, espera resultados menos espectaculares porque no vienen precedidos de una SDT, aunque, si has aplicado las lecciones de EMAIL MARKETING ACELERADO y has escrito a tu lista correos diarios, divertidos, proporcionando información valuable...has realizado una SDT "ligera" y has cultivado una relación con ellos.

Hemos concluido por fin con la SLP.

Aquí te dejo unos ejemplos sobre una SLP.

A continuación vamos a ver un caso de estudio y te voy a dejar otro en mi blog para que lo analices por ti mismo.

Pero no te preocupes, este lo voy a analizar contigo y al final de cada correo, pondré mis comentarios.

Estos son los correos de mi promoción de "Comisiones Facebook" de mi amigo Gabriel Blanco.

Asunto: Comisiones Facebook (correo privado 1 de 3)

Voy a discutir contigo tres cosas importantes en mis
siguientes tres correos.

[+]Correo # 1 (este correo)...

Por qué creo que el programa "Comisiones

Facebook"
es un increíble producto y por qué pienso que
  debes
tenerlo, sin importar su precio.

[+]Correo # 2...

¿Tiene sentido para ti la siguiente máxima?:

"Para captar la atención de tus prospectos
  tienes que
ir donde ellos están actualmente prestando su
  atención,
y una vez ahí, maximizar su atención hacia ti.
  Y ese
lugar actualmente es Facebook".

Permíteme explicarlo un poco.

Si todo el mundo y su hermano pasa alrededor
  de
4-5 horas al día en Facebook (algunos mas),
  ¿tiene
sentido intentar hacer que vayan a otro sitio
  a prestar
su atención?

Es obvio que no.

Lo más difícil es hacer que las personas
  presten su
atención a un lugar y si lo hacen, es casi
  siempre en
un solo lugar, no 10 o 15 lugares.

Las personas actualmente están en Facebook y
  pasan

de 4 a 5 horas cada día ahí, el otro sitio es
   su correo
electrónico.

Los que tienen un teléfono inteligente pasan
   todavía
más tiempo ahí

No es que estén en Facebook una hora, en
   Youtube
30 minutos, en LinkedIn otros 30 minutos,
   luego se
vayan a Twitter 2 horas, después 30 minutos a
   My
Space y finalmente 1 hora a...

La verdad hasta es difícil acordarse de alguna
   otra
Red y son más de 2,000 sitios de redes
   sociales y
cada día surgen más y más.

Así que, la realidad es que las personas
   enfocan su
interés y es difícil, como no tienes una idea,
   cambiarlos
de lugar.

El gigante Google lo intentó con su proyecto
   Google+.

Su plan era hacer que las personas dejaran
   Facebook
y pasaran su tiempo en Google+.

Ni él, con toda su publicidad, lo logro, así
   que ¿si

el gigante no pudo, cómo lograrlo nosotros?

La respuesta es que es imposible, fracasaríamos
tal como lo hizo Google.

Lo que sí podemos hacer es aprovechar el lugar
donde ya están prestando atención (Facebook) y
hacer que nos presten su atención a nosotros, pero
todo ahí adentro, no intentar por ningún motivo
sacarlos de ahí sería una apuesta suicida.

Y es lo que Gabriel te va a enseñar en ese programa
de Comisiones Facebook.

Pero hay más.

Mañana te voy a enseñar una fórmula para generar
comisiones con Facebook.

Ni siquiera tienes que comprar el programa
"Comisiones Facebook" para beneficiarte de lo que
te voy a revelar el día de mañana, aunque mi
recomendación es que compres el programa.

Ese será el beneficio de estar al pendiente
el día de mañana al correo que te voy a enviar.

Es importante como no tienes una idea.

[+]Correo # 3...

¡El correo de mi "Anti-bono"!

Te voy a presentar mi exclusivo "anti bono"
  para
"Comisiones Facebook"

Te va a volar la cabeza.

Pero más de eso después.

================================
Acerca de Comisiones Facebook y porque lo
recomiendo sobremanera
================================

Comisiones Facebook es uno de esos pocos
productos muy buenos que existen allá afuera

He visto productos de este tipo enfocados
únicamente en motivarte a que Facebook es tan
grande y viral que con poner un comentario ahí
  todo
el mundo lo va a compartir y vas a recibir una
avalancha de tráfico en tu sitio web.

La verdad es que no es así.

Como te decía líneas arriba, las personas
  entran a
Facebook y les gusta estar ahí

No les gusta salirse para ir a ver otras
  cosas.

Así que tienes que ingeniártelas para vender
  ahí

adentro, no afuera.

Eso es en lo que todos esos cursos fallan.

Todos intentan sacarte de Facebook, tu sitio
  preferido.

Imagina estar en tu casa plácidamente viendo
  tu
programa favorito en la televisión y que toque
  alguien
a la puerta, ¡diablos!.

Abres la puerta y es un vendedor que te quiere
hacer una demostración de su producto para
  quitar
manchas o rayones en tu carro.

Pero esta tu programa favorito en la
  televisión.

Te estas divirtiendo como enano viéndolo y no
  te
quieres despegar por nada del mundo de ese
  lugar,
pero esta persona quiere que la dejes así como
  así
y que vayas a ver su producto a otro lado.

¿Qué vas a hacer?

La respuesta es obvia.

Y fue lo que Gabriel descubrió y resolvió en
  su
programa, como "vender" dentro de Facebook,
  sin

sacarlos por ningún motivo de ahí

Tienes que conocer sus estrategias para ver como
resolvió eso.

De hecho y como te decía, no sé si estoy autorizado
a hacerlo pero mañana voy a revelarte una de las
lecciones que más me gustaron del programa de Gabriel.

Así que, en resumen.

Comisiones Facebook es un gran producto que toca
varias estrategias para ganar dinero con Facebook
sin sacar a tus prospectos de ahí

Te permite captar la atención de las personas que
ya están ahí en Facebook, así que no tienes que
hacer esfuerzos monumentales para conseguirlos,
ya que ya están ahí

Aprendí mucho con este programa y estoy seguro
que tu también vas a experimentar lo mismo que
yo.

Espera mi correo # 2 mañana.

Nos hablamos pronto,

Heliosaki "Mr. Facebook" Laguna

P.D. Este es mi link de afiliado para Comisiones
Facebook: http://helio017.adetrafico.hop.click bank.net/

Comentario:

Ok, lo que hacemos aquí es presentar el escenario, avisarles de que son 3 correos los que van a recibir.

El primer correo, o sea este, donde por cierto damos información de valor.

El segundo correo, donde les doy un Tip MASIVO, aunque desde este comencé a darlo ya.

Por último el tercer correo donde revelo mi exclusivo anti bono.

Este es el segundo correo de la SLP.

Asunto: Comisiones Facebook (correo privado 2 de 3)

Te expliqué ayer que para captar la atención de tus
prospectos tienes que ir donde ellos están actualmente
prestando su atención.

Ese lugar como sabes, es Facebook.

Así que tienes que ir ahí y hacer que presten
atención a ti.

Pero tienes que hacerlo de forma correcta.

Hazlo de la forma incorrecta y no solo no
   ganarás
ni un solo centavo, sino que además, ¡perderás
   a tus
amigos!

Recuerda que tus amigos de Facebook son tus
amigos, no tus prospectos.

Debes de entender muy bien esto o los vas a
   perder.

Imagina que vendes algún tipo de producto.

Jafra, Tupperware, zapatos, lo que sea.

Y aprovechas toda fiesta o reunión a la que
   te
invitan para terminar convirtiéndola en una
demostración de tus productos.

Repartiendo ahí tus catálogos o mostrando tus
productos.

Quizás logres ocasionalmente alguna venta y
   eso te
motive más a volverlo a hacer.

Pero...

¡Tus amigos pronto dejarán de invitarte a estas reuniones!.

Y estarás perdiendo amigos.

No es para nada la forma ideal de hacerlo.

Existen otras formas.

El equivalente al escenario que te acabo de plantear de la vida real en Facebook, sería que tus amigos te borrarán en el mejor de los casos, en otros, incluso te reportarán como spam y ¡puedes perder tu cuenta!

¡Imagina que te cierren tu cuenta de Facebook!

Todo por intentar ganar dinero con Facebook de la forma incorrecta.

Precisamente...

Ayer me llegó un correo de un suscriptor que al ver que estoy recomendando Comisiones Facebook me consultó sobre problemas que estaba teniendo con estrategias recomendadas por otro producto sobre como ganar dinero con Facebook.

Este es su correo.

|===========CORREO=============|
Estoy siguiendo al pie de la letra los pasos
   del curso
"Facebook XXX" y me salieron 2 inconvenientes
   que
no se comentan en el curso.

1. Después de importar una lista de correos
   en
Facebook hay que esperar unas horas para
   poder
importar otra lista, ya que si no me bloquean
   la opción
de buscar amigos.

2. Este problema es más crítico que el
   anterior.
Ayer envié más de 3 mil invitaciones y hoy
   abrí el
Facebook y me salió una advertencia de que no
   puedo
invitar a gente que no conozco y que si
   insisto, me
van a cancelar la cuenta.

Como comprenderás este último punto es un
   golpe
muy duro para poder hacer este negocio ya que
nunca voy a poder tener 5 mil amigos y por lo
tanto no voy a poder ganar lo que se dice en
   el curso.

¿Tienes alguna sugerencia o truco para no
   tener
problemas para invitar amigos?

Gracias.

`|==========CORREO=============|`

Le contesté inmediatamente que la estrategia de
Gabriel no tiene nada que ver con agregar personas
que no conoces.

Ni con promocionarle a tus amigos, sino a tus fans.

Y como conseguir estos fans a una ridícula inversión.

Tanto como 50 dólares por 5,000 fans altamente interesados en los productos que les puedes ofrecer.

Por cierto.

Un componente de mi anti-bono es mostrarte cómo
puedes encontrar incluso la forma de conseguir esos
5,000 fans de forma gratuita.

Pero más de eso mañana.

Por lo pronto, el cambio que introduce Gabriel
respecto a otros cursos es que les vas a promocionar
los productos que quieras a fans, no a amigos.

Tus amigos pueden seguir siendo tus amigos.

Y tus fans serán tus fieles fans e incluso
amigos.

Gabriel te enseña cómo ayudarlos a lograr sus
objetivos, recomendando productos que los
acerquen
a esos objetivos.

|===========TIP MASIVO============|
Esto no viene en el curso de Gabriel, pero te
va a
ayudar como no tienes una idea cuando tengas
su
programa.

De hecho de eso trata mi anti-bono, de darte
recursos
que te ayuden a complementar lo que te da
Gabriel,
que por cierto es demasiado para tan poca
inversión.

El tip masivo:

Define los pasos principales que se requieren
para
alcanzar "X" resultado, por ejemplo, para el
nicho de
bajar de peso, los pasos principales podrían
ser:
1. Dieta
2. Ejercicio
3. Mentalidad y Motivación

Pero cada paso puede expandirse aún más,
ejemplo:

1. Dieta
a) Déficit calórico
b) tasa de metabolismo basal
c) Ejercicio y estilo de vida
d) Alimentos
-- Dieta de alimentos crudos
-- Dieta de proteínas

2. Plan de Ejercicio
a) Ejercicios quema grasa
b) ejercicios para bajar de peso

3. Mentalidad & Motivación
a) Determina tu POR QUE
b) Herramientas de motivación & Técnicas

Ahora, simplemente agregar productos relacionados
con cada uno de los pasos.

¿Dónde los vas a encontrar?

Ya te enseñará Gabriel los mercados masivo de info
productos a los que podrás acceder completamente
gratis.

Así que encuentras estos productos y simplemente
los recomiendas para lograr cada paso, mientras
educas a tus seguidores.

Ejemplo:

Les explicas que para hacer una dieta adecuada
necesitan llevar a cabo los pasos a) al d)

Les das mediante actualizaciones de estado en
Facebook, vídeos o artículos los pasos a), b) y c), les
dices al final que para el paso d) les recomiendas el
programa "X" y ¡listo!

Los has ayudado.

No les has vendido nada, solo les has recomendado
lo que crees tú es lo mejor para el paso d), el programa
"X".

Y así para todos los pasos principales de todos los
nichos que quieras atacar.

Sorprendente ¿no?

|===========TIP MASIVO============|

Así que ni siquiera serás visto como un vendedor,
sino como un amigo, alguien a quien admiran y
respetan, tal como una personalidad, que es la idea
inicial de las páginas de fans.

Ahora bien, quizás en estos momentos puedes
estar pensando qué es una página de fans y cómo

hacer una.

Gabriel ha resuelto eso proporcionándote un tutorial
paso a paso y no uno, sino dos softwares para
montar en 5 minutos una página de fans.

Todo está cubierto en ese programa, no te
preocupes :-)

Pasando a otra cosa...

Tengo un [anti bono] que te ayuda a potencializar
todo lo que vas a aprender con Comisiones
Facebook.

Te voy a dar acceso a él si compras Comisiones
Facebook con mi link de afiliado.

Más acerca de esto en el siguiente y último
correo.

Nos hablamos pronto

Heliosaki

Aquí puedes averiguar más sobre el programa de
Gabriel: http://helio017.adetrafico.hop.clickb
ank.net/

Comentario:

Lo que hicimos aquí fue dar información de valor y aumentar
el deseo aún más, por conocer nuestro exclusivo anti

bono.

Dimos incluso una prueba de nuestro anti bono, un Tip para reforzar el programa de Gabriel.

Veamos ahora, el tercer correo, el desenlace, donde revelaremos nuestro exclusivo anti bono.

Asunto: Comisiones Facebook (correo privado 3 de 3)

Hoy es el día para adquirir tu copia de "Comisiones Facebook."

Pero antes de que vayas corriendo a ver la carta de ventas quiero hablarte rápidamente de mi exclusivo bono para Comisiones Facebook.

El Anti Afiliado - Episodio Anti Promoción en Facebook

El lema del Anti Afiliado es: "Por qué los afiliados del montón fracasan mientras los Anti Afiliados obtienen el éxito y las comisiones."

En ese programa estoy revelando las estrategias de afiliado que me permitieron obtener los primeros puestos en los últimos lanzamientos del mercado hispano.

Y lo más increíble del caso, es que los logré con listas
de menos de 100 personas, superando a gurús con
listas de 30 mil hasta 100 mil personas.

¿Cómo lo logre?

Haciendo las cosas no solo diferentes, sino más bien
totalmente al contrario de ellos.

Mientras ellos hacían Zig, yo hacía Zag.

Diferenciándome de los afiliados del montón, los que
solo te envían decenas de correos iguales sin valor
para que vayas a ver un vídeo de lanzamiento.

Pero no te quiero aburrir con todo lo que revelo en
ese programa, mejor te adjunto las primeras tres
lecciones del programa, para que veas el poder de
lo que vas a ver ahí adentro.

Por cierto...

El Anti Afiliado fue un anti bono que ofrecí en el
lanzamiento más grande de todos los tiempos del
mercado hispano, donde terminé en séptimo

lugar
por arriba de más de cientos de afiliados y todo con
una lista de 181 personas.

Pues bien, el Anti Afiliado ahora es un programa que
vale más que el programa que promocioné en ese
entonces, así de poderosos son mis anti bonos, así
de poderoso es este anti bono que te estoy ofreciendo,
que es, las estrategias de El Anti Afiliado adaptadas
a las estrategias del programa Comisiones Facebook.

En Anti Afiliado tiene 5 bloques principales:

+ El Anti-Discurso de Ventas
+ La Anti Promoción
+ El Anti-Bono
+ El Anti-Webinar
+ El Anti-Tráfico

Y lo que haremos en "El Anti Afiliado - Episodio Anti
Promoción en Facebook" será adaptar estos cinco
bloques para que sucedan dentro de Facebook.

Y potencialices las estrategias del programa que te
estoy recomendando, "Comisiones Facebook".

Por cierto...

Durante la promoción de este programa, estoy
implementando ligeramente tres de estos
  bloques,
muy superficialmente.

Te es difícil de identificarlos porque es un
  mundo
totalmente nuevo.

Ni siquiera los gurús conocen estas
  estrategias.

Que por cierto, funcionan como no tienes una
  idea.

El Anti Afiliado es acerca de dar VALOR a los
  demás,
mientras los afiliados del montón sólo tienen
  interés
en venderte, venderte y venderte más.

Como te dije, mientras ellos hacen Zig yo hago
  Zag.

Te voy a dar 5 minutos para que hagas memoria
  de
mis correos anteriores e identifiques los
  elementos
que utilicé en esta pequeña promoción de
  Comisiones
Facebook.
.
¿Listo?

¿Seguro que ya pasaron los 5 minutos?

Espero que hayas hecho la tarea.

Pues bien, aquí están.

Durante esta promoción utilicé una de las dos
estrategias de " El Anti-Discurso de Ventas".

Mientras los afiliados del montón te envían un
    correo
vendiéndote el ir a ver la carta o el vídeo de
    ventas,
el Anti Afiliado te vende un concepto central
    o un(os)
ángulo(s) de marketing, me llevaría unos
    minutos
explicarte bien esto con decenas de ejemplos,
    como
hago en el programa, así que solo te pondré
    aquí el
Concepto Central que elegí para Comisiones
    Facebook:

|=========CONCEPTO CENTRAL=========|
"Para captar la atención de tus prospectos
    tienes que
ir donde ellos están actualmente prestando su
    atención,
y una vez ahí, maximizar su atención hacia ti
    y ese
lugar actualmente, es Facebook".
|=========CONCEPTO CENTRAL=========|

Después, lo que hice con mi promoción fue
    reforzar
más esa idea, explicándote lo difícil que es
    mantener
la atención de las personas en un solo lugar y

el grave
error de intentar sacarlos de ese lugar.

Y te dije que el programa que entendió esto a
la
perfección fue Comisiones Facebook, así que si
esa
es la única forma de obtener resultados y sólo
el
Programa Comisiones Facebook te enseña esa
estrategia, el siguiente paso lógico es que
compres
Comisiones Facebook, porque es la única forma
de
hacer las cosas bien, conforme a ese concepto
central.

Los afiliados del montón solo te dicen
"Conozco a
Gabriel Blanco creador de Comisiones Facebook,
así
que cómpralo con mi link de afiliado, es tu
última
oportunidad en el mundo de ganar dinero"

Sin palabras...

Así que en resumen, la Anti Promoción no
consiste
en vender directamente el programa que estas
promocionando así nada más, sino vender una
idea
o concepto central y enfocar todo tu marketing
a
vender esa idea.

Siguiente...

+ La Anti Promoción

No te envié 15 correos diciéndote que corrieras a
ver el vídeo de Gabriel Blanco, que iba a cambiar tu
vida ese vídeo, que se trataba de oro puro y que
muy pronto lo iba a quitar Gabriel si no ibas a verlo
ahora mismo, no, eso déjaselo a los afiliados del
montón.

Lo que hice fue utilizar la estrategia de anti promoción
"secuencia de lanzamiento de producto", donde,
mediante una serie de correos, 3 en este caso, te
revelo mi "anti discurso de ventas" y mi anti-bono
para el programa que te estoy recomendando.

Te recomiendo que si no te interesa comprar
Comisiones Facebook al menos, reúne mis tres
correos y estúdialos, aprenderás más en estos
correos gratuitos que en varios programas de
marketing que puedas comprar en el futuro.

Ahora bien, se oye muy bonito esto teniendo una
lista de suscriptores como yo la tengo, pero la idea
es que todo esto lo vamos a implementar en Facebook,
con tus fans, no necesitas una lista de

suscriptores,
si no tienes fans no te preocupes, veremos como
obtener 5,000 fans totalmente gratis.

Por último.

+ El Anti-Bono

Eso lo estamos viendo en este preciso correo, donde
mediante mi anti discurso de ventas...

Si lo identificaste, ¿cierto?

Si no fue así, aquí esta:

```
|=========CONCEPTO CENTRAL=========|
"Por qué los afiliados del montón fracasan
  mientras los
  Anti Afiliados obtienen el éxito y las
  comisiones.
|=========CONCEPTO CENTRAL=========|
```

Te ofrecí mi anti bono.

Revisa mi correo y en ningún momento te estoy
diciendo "tienes que comprar Comisiones Facebook
para que tengas El Anti Afiliado Episodio Facebook,
ya que El Anti Afiliado Episodio Facebook va a
CAMBIAR TU VIDA y es tu última oportunidad en
el mundo, seguirás igual para siempre si no lo
compras, para SIEMPRE"

No, no soy un afiliado del montón, en lugar de eso
solo te "vendí" mi Concepto Central, no mi programa.

Lo mismo harás tú con tus promociones en Facebook,
tú serás un Anti Afiliado que venda sin vender dentro
de Facebook.

Así que como puedes ver, aquí expuse mi anti bono
y mi concepto central (anti discurso de ventas de mi
anti bono).

Sólo falto en esta secuencia de correo que viéramos
"El Anti-Webinar" y "El Anti-Tráfico", en el programa
El Anti Afiliado Episodio Facebook veremos una increíble
aplicación de paga que permite reproducir webinarios
perpetuos de forma automática dentro de Facebook,
y otra aplicación gratuita de Facebook para reproducir
Webinars.

El Anti Tráfico será con la estrategia que incluye
Gabriel dentro de su programa para pagar 0.01
centavos de dólar por cada suscriptor, mediante pago

por clic y mi estrategia para conseguir
  cupones de
50 dólares para crear gratis tus campañas.

Ah por cierto, se me olvidaba.

En el correo anterior te di un TIP MASIVO.

Es otra de las estrategias de Anti Promoción,
  la de
crear un mini curso donde reveles pasos para
  hacer
algo y que algunos de los pasos sean productos
  que
estas recomendando.

Si borraste el correo anterior aquí te lo
  dejo:

|==========TIP MASIVO============|
Esto no viene en el curso de Gabriel, pero te
  va a
ayudar como no tienes una idea cuando tengas
  su
programa.

De hecho de eso trata mi anti-bono, de darte
  recursos
que te ayuden a complementar lo que te da
  Gabriel,
que por cierto es demasiado para tan poca
  inversión.

El Tip masivo:

Define los pasos principales que se requieren
  para

alcanzar "X" resultado, por ejemplo, para el nicho de
bajar de peso, los pasos principales podrían ser:
1. Dieta
2. Ejercicio
3. Mentalidad & Motivación

Pero cada paso puede expandirse aún mas, ejemplo:

1. Dieta
a) Déficit calórico
b) tasa de metabolismo basal
c) Ejercicio y estilo de vida
d) Alimentos
-- Dieta de alimentos crudos
-- Dieta de proteínas

2. Plan de Ejercicio
a) Ejercicios quema grasa
b) ejercicios para bajar de peso

3. Mentalidad & Motivación
a) Determina tu PORQUE
b) Herramientas de motivación y Técnicas

Ahora, simplemente agregar productos relacionados
con cada uno de los pasos.

¿Dónde los vas a encontrar?

Ya te enseñara Gabriel los mercados masivos de info
productos a los que podrás acceder completamente

gratis.

Así que encuentras estos productos y simplemente
los recomiendas para lograr cada paso, mientras
educas a tus seguidores.

Ejemplo:

Les explicas que para hacer una dieta adecuada
necesitan llevar a cabo los pasos a) al d)

Les das mediante actualizaciones de estado en
Facebook, videos o artículos los pasos a), b) y c), les
dices al final que para el paso d) les recomiendas el
programa "X" y ¡listo!

Los has ayudado.

No les has vendido nada, solo les has recomendado
lo que crees tú es lo mejor para el paso d), el programa
"X".

Y así para todos los pasos principales de todos los
nichos que quieras atacar.

Sorprendente ¿no?

|======FIN DEL TIP MASIVO============|

Así que recapitulando...

Comisiones Facebook es un gran programa, te enseñara
a ganar dinero con tus fans sin necesidad de sacarlos de
Facebook.

Cómpralo con mi link de afiliado<<<...y recibe mi
exclusivo anti bono.

Heliosaki

Wow, qué más puedo agregar, he comentado todo en el propio correo.

Les doy valor masivo y una descripción detallada de lo que van a ver en el anti bono, para despertar el deseo en el anti bono.

20. La máquina de dinero de 4 días

La segunda de las secuencias de lanzamiento de promoción con email que vamos a repasar es: "**La Máquina de Dinero de 4 Días**" (MD4D para abreviar).

La MD4D consiste en una secuencia de correos creada para lanzar un producto con descuento, funciona para cualquier producto, tuyo o de afiliado.

La finalidad de la promoción es mostrar una oferta que estará disponible con descuento durante un periodo determinado de tiempo, como una venta de rebaja.

La MD4D como su nombre lo indica consiste en una secuencia de 4 correos, donde además del descuento, se ofrecen bonos para hacer la oferta aún más atractiva y un periodo de tiempo limitado (de solo 4 días) para hacer que tomen acción.

Esto lo hace algo casi irresistible, **descuento + bonos + limitación de tiempo, la combinación perfecta.**

Preferentemente, asegúrate que el producto a promocionar sea conocido por tu lista, porque no se ahonda en detalles del producto, sino simplemente se recalca la oferta, el período de tiempo en que estará disponible y los bonos.

Más adelante nos adentraremos a detalle en esta secuencia, pero recuerda que, si quieres utilizar esta secuencia para un producto que no es tuyo, sino de afiliado, puedes implementar también esta estrategia, para eso deberás encontrar productos con descuento en Clickbank.

Cómo Encontrar Descuentos en Productos de Afiliados.

Supongamos que quiero promocionar el programa "Creador

de Ingresos", de mi amigo y socio Gabriel Blanco: http://creadordeingresos.com/

Lo que tengo que hacer es buscar el formulario de pago en la carta de ventas y una vez ahí, dar click derecho para ver las opciones y dar click en "copiar dirección de enlace"

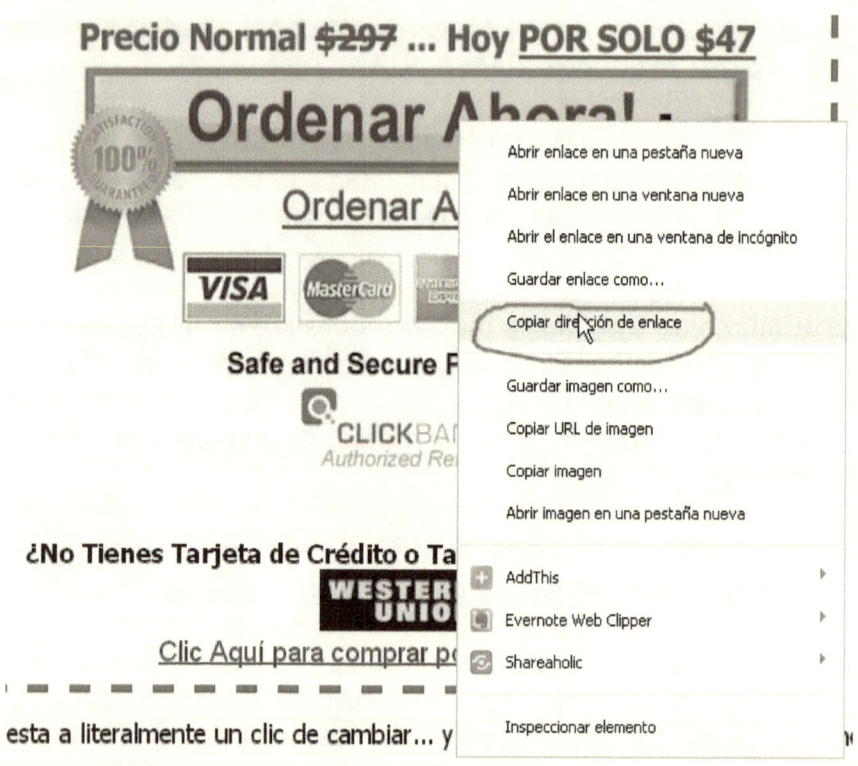

Para "Creador de Ingresos", la dirección de enlace que te lleva a la página de checkout es:

http://1.cingresos.pay.clickbank.net/?cbskin=3736&cbfid=88 55

El formato del link es siempre el mismo:

http://NúmeroDeProducto.IDdelVendedor.pay.clickbank.net/

El número de producto es 1:
http://1.cingresos.pay.clickbank.net/?cbskin=3736&cbfid=8855

Ahora solo tengo que sustituir el 1 por otros números hasta encontrar otro formulario de pago del mismo producto.

Ejemplo:

Para buscar si hay un producto 2:
http://2.cingresos.pay.clickbank.net/?cbskin=3736&cbfid=8855

Para buscar si hay un producto 3:
http://3.cingresos.pay.clickbank.net/?cbskin=3736&cbfid=8855

etc.

Para el caso de "Creador de Ingresos", el número de producto donde tiene un descuento es el 123:

http://123.cingresos.pay.clickbank.net/

Nota: No es normal que los marketeros oculten tanto sus productos con descuento, generalmente es el 2 ó 3.

Ahora que ya tienes el formulario de pago con descuento, puedes crear un artículo promocionando el producto en cuestión y colocar tu link directo de pago con descuento.

Eso se hace de la siguiente forma.

Paso No. 1: Lo primero que tienes que tener es una cuenta de afiliado en Clickbank.

El usuario de mi cuenta de afiliado es: helio017

Paso No. 2: Coloca tu usuario de afiliado de Clickbank seguido de un "guión bajo" dentro del formulario de pago, o sea: helio017_

Formulario de pago sin usuario:
http://123.cingresos.pay.clickbank.net/

Usuario dentro del formulario de pago:
http://123.helio017_cingresos.pay.clickbank.net/

Paso No. 3: Oculta tu link de pago en el llamado a la acción dentro de tu artículo.

Ejemplo:

>>Click Aquí Para Comprar Creador de Ingresos Con Descuento<<

Al dar click ahí irás directamente al formulario de pago, donde puedes ver mi link de afiliado:

kBank / 917 Lusk St/Suite 200/Boise ID 83706.

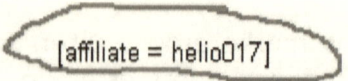

[affiliate = helio017]

Bien, ha llegado el momento de que liberemos "**La Máquina de Dinero de 4 Días**".

El ejemplo que vas a ver se trata de una secuencia que envié para una promoción como afiliado.

Lo que hice fue descubrir que mi amigo Sebastián Foliaco

ofrecía su programa con descuento, justo lo que te acabo de explicar.

El siguiente paso simplemente fue agregar bonos a la oferta.

Ojo, tuve que enviar un par de correos describiendo la guía de Sebastián para despertar el interés de las personas y que supieran de qué se trata, recuerda que la MD4D tiene que usarse con productos conocidos.

No sé cuándo enviarás el primer correo, pero para enviar la secuencia correctamente, lo que tienes que hacer es poner un límite de 4 días después del primer correo.

Suponiendo que este correo lo envías el 15 de Julio, la fecha que utilizarías para el último de los 4 correos sería el 18 de julio (15 + 4 = 18).

Correo #1

Asunto: "{!firstname}, GRACIAS!"

Estimado {!firstname},

Hasta el 18 DE JULIO DE 2013, puedes adquirir nuestro programa "Tips Financieros" AL PRECIO ESPECIAL DE USD $27, esto es un descuento masivo del 40% de nuestro nuestro precio regular.

Aquí es donde puedes obtener tu ejemplar a este precio: http://elantiafiliado.com/recomienda/tips-financieros

Estoy ofreciendo este precio especial como
AGRADECIMIENTO a toda la gente que ha estado
interesada en nuestra valiosísima guía
   financiera.

Aquí es donde puedes obtener tu ejemplar a
   este
precio: http://elantiafiliado.com/recomienda/
   tips-financieros

Prueba nuestra guía a este precio especial y
   obtén
además cinco bonos gratuitos.

Si este precio de descuento masivo no
   justifica el costo
para que aprendas a mejorar tus finanzas
   personales,
salir de deudas y aprender a generar múltiples
   fuentes de
ingreso, estos cinco REGALOS seguramente
   valdrán la pena.

* Bono 1: Juego de mesa financiero De Empleado
   A Billonario
("El Cash-flow hispano")

Si alguna vez has escuchado hablar de Robert
   Kiyosaki
y su famoso juego financiero "Cash-flow 101",
   déjame
decirte que este juego ha sido denominado por
   muchos

como el "cash-flow hispano", o
el "cash-flow con esteroides",
y será tuyo al comprar mi guía con descuento.

* Bono 2: Guía "Contexto Brutal"!

La guía a la Contexto Brutal te permitirá
  expandir
brutalmente tu contexto, se trata de los
  conocimientos
de más de 200 libros de finanzas personales
  destilados
especialmente para ti, además de ejercicios
  prácticos
para mejorar tus finanzas personales.

* Bono 3: Guía para negocios por internet!

Esta guía te ampliará el contexto para definir
  que
otros productos puedes vender por internet y
  la
estrategia para venderlos sin invertir en la
fabricación del producto.

* Bono 4: Ebook "Tritura tus deudas y obtén
  múltiples
fuentes de ingreso este año"

Esta ebook te permitirá salir de cualquier
  deuda masiva,
y obtener múltiples fuentes de ingreso en un
tiempo record.

* Bono 5: Libro digital y audio libro "El
  Hombre más Rico

De Babilonia"

Este libro es considerado uno de los clásicos de educación
Financiera, te permitirá conocer el concepto que revolucionó
Las finanzas personas, "págate a ti mismo primero" y a hacer
que el dinero (tus esclavos) trabajen para ti y no tú para ellos.

GUAUU! Se trata de un montón de buen material
Ve aquí ahora mismo y pide tu ejemplar antes de
que se terminen!
http://elantiafiliado.com/recomienda/tips-financieros

Estamos en contacto,

Heliosaki

p.d. Esta venta especial finaliza el 15 DE JULIO DE 2013.
Si quieres tener la revolucionaria guía
para Tips Financieros ve aquí ahora:
http://elantiafiliado.com/recomienda/tips-financieros

Correo # 2 Enviar al siguiente día.

Asunto: ¡{firstname}, no te pierdas esto!

Hola {firstname},

Te escribí ayer para comentarte acerca de la increíble
oportunidad adquirir nuestro programa "Tips Financieros"
como una manera de "AGRADECIMIENTO" por tu
interés para mejorar tus finanzas personales y quiero
estar seguro de que recibiste mi correo.

Hasta pasado mañana, puedes adquirir nuestra guía "Tips
Financieros AL PRECIO ESPECIAL DE USD $27.

Aquí es donde puedes obtener tu ejemplar a este
precio: http://elantiafiliado.com/recomienda/tips-financieros

He mantenido este precio especial como AGRADECIMIENTO
a toda la gente que quiere mejorar sus finanzas personales.

Aquí es donde puedes obtener tu ejemplar a este
precio: http://elantiafiliado.com/recomienda/tips-financieros

----

Prueba nuestra guía a este precio especial y obtén
además cinco bonos gratuitos.

Si este precio de descuento masivo no
  justifica el costo
para que aprendas a mejorar tus finanzas
  personales,
salir de deudas y aprender a generar múltiples
  fuentes de
ingreso, estos cinco REGALOS seguramente
  valdrán la pena.

* Bono 1: Juego de mesa De Empleado A
  Billonario
("El Cash-flow hispano")

Si alguna vez has escuchado hablar de Robert
  Kiyosaki
y su famoso juego financiero "Cash-flow 101",
  déjame
decirte que este juego ha sido denominado por
  muchos
como el "cash-flow hispano", o el "cash-flow
  con esteroides",
y será tuyo al comprar mi guía con descuento.

* Bono 2: Guía "Contexto Brutal"!

La guía a la Contexto Brutal te permitirá
  expandir
brutalmente tu contexto, se trata de los
  conocimientos
de más de 200 libros de finanzas personales

destilados
especialmente para ti, además de ejercicios
prácticos
para mejorar tus finanzas personales.

 * Bono 3: Guía para negocios por internet!

Esta guía te ampliará el contexto para definir
que
otros productos puedes vender por internet y
la
estrategia para venderlos sin invertir en la
fabricación
del producto

* Bono 4: Ebook "Tritura tus deudas y obtén
múltiples
fuentes de ingreso este año"

Esta ebook te permitirá salir de cualquier
deuda masiva,
y obtener múltiples fuentes de ingreso en un
tiempo record.

* Bono 5: Libro digital y audio libro "El
Hombre más Rico
De Babilonia"

Este libro es considerado uno de los clásicos
de educación
Financiera, te permitirá conocer el concepto

que revolucionó
Las finanzas personas, "págate a ti mismo
    primero" y a hacer
que el dinero (tus esclavos) trabajen para ti
    y no tú para ellos.

  GUAUU! Se trata de un montón de buen material
Ve aquí ahora mismo y pide tu ejemplar antes
    de
que se terminen!
http://elantiafiliado.com/recomienda/tips-
    financieros

Estamos en contacto,

Heliosaki

p.d. Esta venta especial finaliza pasado
    mañana.

No hay mucho que agregar.

Si notas es un correo muy similar al anterior, se sigue
    recalcando los bonos, la fecha límite y el descuento.

Correo #3. Enviar al tercer día.

Asunto: {!firstname}, último día para aprender
    a mejorar tus finanzas

Hola {!firstname},,

La venta especial de la guía Tips Financieros
finaliza mañana en la noche.

Aquí se encuentran los detalles:
http://elantiafiliado.com/recomienda/tips-
  financieros

He mantenido este precio especial como
AGRADECIMIENTO a toda la gente que ha estado
interesada en nuestra valiosísima guía.
Aquí es donde puedes obtener tu ejemplar a
  este
precio: http://elantiafiliado.com/recomienda/t
  ips-financieros

Esta rara oferta especial es mi manera de
AGRADECERTE por tomar acción y hacer lo
  necesario
para mejorar tu situación financiera.

Aquí está el sitio especial donde puedes
  obtener
tú guía a este precio con descuento masivo:
http://elantiafiliado.com/recomienda/tips-
  financieros

- -
- -
Prueba nuestra guía a este precio especial y
  obtén
además cinco bonos gratuitos.
- -
- -

Si este precio de descuento masivo no
  justifica el costo

para que aprendas a mejorar tus finanzas
  personales,
salir de deudas y aprender a generar múltiples
  fuentes de
ingreso, estos cinco REGALOS seguramente
  valdrán la pena.

* Bono 1: Juego de mesa De Empleado A
  Billonario
("El Cash-flow hispano")

Si alguna vez has escuchado hablar de Robert
  Kiyosaki
y su famoso juego financiero "Cash-flow 101",
  déjame
decirte que este juego ha sido denominado por
  muchos
como el "cash-flow hispano", o el "cash-flow
  con esteroides",
y será tuyo al comprar mi guía con descuento.

* Bono 2: Guía "Contexto Brutal"!

La guía a la Contexto Brutal te permitirá
  expandir
brutalmente tu contexto, se trata de los
  conocimientos
de más de 200 libros de finanzas personales
  destilados
especialmente para ti, además de ejercicios
  prácticos
para mejorar tus finanzas personales.

* Bono 3: Guía para negocios por internet!

Esta guía te ampliará el contexto para definir que
otros productos puedes vender por internet y la
estrategia para venderlos sin invertir en la fabricación
del producto

* Bono 4: Ebook "Tritura tus deudas y obtén múltiples
fuentes de ingreso este año"

Esta ebook te permitirá salir de cualquier deuda masiva,
y obtener múltiples fuentes de ingreso en un tiempo record.

* Bono 5: Libro digital y audio libro "El Hombre más Rico
De Babilonia"

Este libro es considerado uno de los clásicos de educación
Financiera, te permitirá conocer el concepto que revolucionó
Las finanzas personas, "págate a ti mismo primero" y a hacer
que el dinero (tus esclavos) trabajen para ti y no tú para ellos.

GUAUU! Se trata de un montón de buen material
Ve aquí ahora mismo y pide tu ejemplar antes de
que se terminen!

http://elantiafiliado.com/recomienda/tips-
 financieros

Estamos en contacto,

Heliosaki

P.D. Esta venta especial finaliza mañana.

Correo # 4. Enviar al último día.

Asunto: {!firstname}- NOTICIA FINAL

La venta especial de la guía Tips Financieros
finaliza hoy en la noche *SI, HOY*.

Aquí se encuentran los detalles:
http://elantiafiliado.com/recomienda/tips-
 financieros

Esta rara oferta especial es mi manera de
AGRADECERTE por tomar acción y hacer lo
 necesario
para mejorar tus finanzas personales.

Aquí está el sitio especial donde puedes
 obtener
tú guía al precio de descuento masivo:
http://elantiafiliado.com/recomienda/tips-
 financieros

Prueba nuestra guía a este precio especial y
   obtén
además cinco bonos gratuitos.

Si este precio de descuento masivo no
   justifica el costo
para que aprendas a mejorar tus finanzas
   personales,
salir de deudas y aprender a generar múltiples
   fuentes de
ingreso, estos cinco REGALOS seguramente
   valdrán la pena.

* Bono 1: Juego de mesa De Empleado A
   Billonario
("El Cash-flow hispano")

Si alguna vez has escuchado hablar de Robert
   Kiyosaki
y su famoso juego financiero "Cash-flow 101",
   déjame
decirte que este juego ha sido denominado por
   muchos
como el "cash-flow hispano", o el "cash-flow
   con esteroides",
y será tuyo al comprar mi guía con descuento.

* Bono 2: Guía "Contexto Brutal"!

La guía a la Contexto Brutal te permitirá
   expandir
brutalmente tu contexto, se trata de los
   conocimientos

de más de 200 libros de finanzas personales destilados
especialmente para ti, además de ejercicios prácticos
para mejorar tus finanzas personales.

* Bono 3: Guía para negocios por internet!

Esta guía te ampliará el contexto para definir que
otros productos puedes vender por internet y la
estrategia para venderlos sin invertir en la fabricación del producto

* Bono 4: Ebook "Tritura tus deudas y obtén múltiples
fuentes de ingreso este año"

Esta ebook te permitirá salir de cualquier deuda masiva,
y obtener múltiples fuentes de ingreso en un tiempo record.

* Bono 5: Libro digital y audio libro "El Hombre más Rico
De Babilonia"

Este libro es considerado uno de los clásicos de educación
Financiera, te permitirá conocer el concepto que revolucionó
Las finanzas personas, "págate a ti mismo primero" y a hacer
que el dinero (tus esclavos) trabajen para ti

y no tú para ellos.

GUAUU! Se trata de un montón de buen material
Ve aquí ahora mismo y pide tu ejemplar antes de
que se terminen!
http://elantiafiliado.com/recomienda/tips-financieros

Estamos en contacto,

Sebastián

p.d. Esta venta especial finaliza HOY. Yo creo que
nunca la volveré a ofrecer.

Si quieres tener la revolucionaria guía para
Mejorar tu situación financiera de una vez por todas,
ve aquí ahora:
http://elantiafiliado.com/recomienda/tips-financieros

Como ves, no hay nada revolucionario en esta secuencia, lo único que tienes que hacer es:

- Inventar un pretexto del por qué de la oferta.
- Mencionar el beneficio que van a lograr con tu programa.
- Describir los bonos y es todo.

Lo importante es que esta secuencia funciona como magia.

A las personas les encantan los descuentos, así que, ¿qué hay mejor que recibir bonos por tomar acción?

Nota 1: asegúrate que tus bonos sean anti bonos, que lo que ofrezcas esté relacionado con lo que estás ofreciendo.

Nota 2: al momento de escribir este correo (2009), no conocía esta tecnología del anti bono, así que por eso parece que no estoy cumpliendo al 100% con la nota 1.

21. Apalancando la máquina de dinero de 4 días

Este Capítulo la estoy robando de mi programa
http://elantiafiliado-x.com/elantiafiliado-x.html

Espero que no se molesten mis clientes de allá.

En la lección 20 hemos visto el poder de la Máquina de Dinero de 4 Días (MD4D) para abreviar.

Y te he mostrado en vivo una secuencia de la MD4D que implementé con mi lista.

Puedes usar la secuencia MD4D con una lista propia de suscriptores para un producto tuyo o de afiliado.

En el ejemplo te mostré como la usé para un producto de afiliado.

Pues bien, esta estrategia de El Anti Afiliado-X te volará la cabeza.

Es solo una de las decenas de estrategias de ese programa.

Licenciando la MD4D

Mira la imagen:

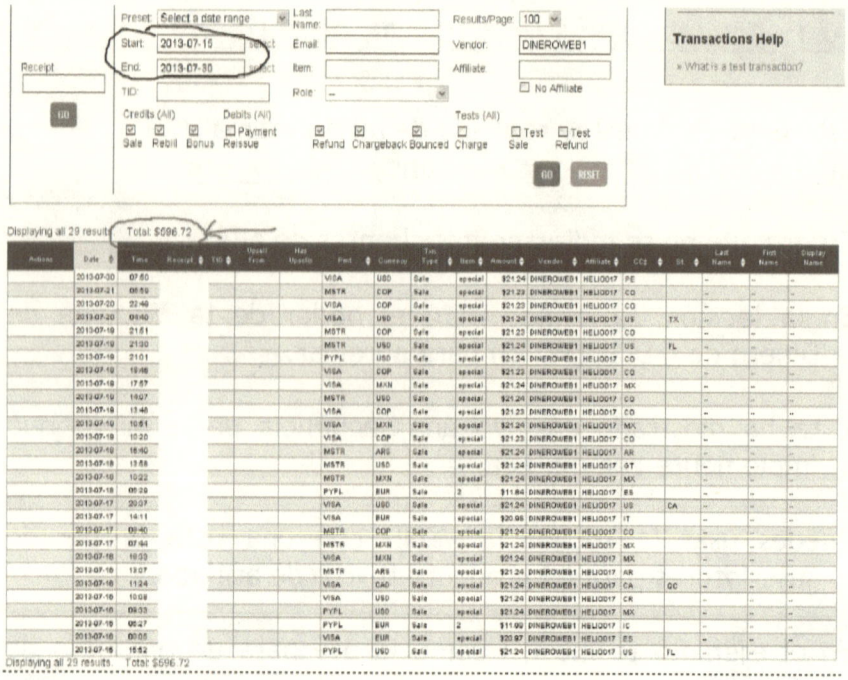

Descripción: Son 29 ventas mías como afiliado.

Mi ID de afiliado es: helio017

Esas ventas se generaron en 5 días utilizando la **MD4D.**

Lo sorprendente aquí es que no envié la MD4D a mi lista de suscriptores.

Vuelve a leer lo anterior por favor:

No envié la MD4D a mi lista de suscriptores.

Mi amigo Sebastián Foliaco creador del programa Tips Financieros envió la MD4D a su lista de suscriptores **con mi link de afiliado.**

Repito.

Sebastián promocionó a su lista la MD4D con mi link de afiliado.

¿Porque haría algo así Sebastián?

¿Porque otras personas querrán enviar a sus listas tu link de afiliado?

Mira la oferta de Sebastián:
http://www.tipsfinancieros.com/blog/bonos-heliosaki-sebastian/

Yo puse los ~~bonos~~ anti bonos y la campaña de correo, la Secuencia de Lanzamiento y después, agregué VALOR MASIVO a la oferta de Sebastián, así que no tuvo que bajar ni siquiera el precio de su programa, ¿recuerdas que la MD4D era para promocionar una oferta con descuento?

Aquí hicimos una variación, no ofrecimos descuento y aún así el programa se vendió muy bien.

Más adelante vamos a ver otras formas de que otros promocionen a su lista por ti.

22. La máquina del buen karma

La siguiente de las secuencias de lanzamiento es:

La Máquina del Buen Karma (MBK)

Esta secuencia es la onda.

Obtendrás la buena voluntad de tus suscriptores mientras les vendes como loco.

¿Cómo funciona?

Regalando cosas, piensa, imanes de venta.

Imán de venta: contenido que te acerca a la venta.

Sin más preámbulo, **La Máquina del Buen Karma.**

Asunto: Buenas Noticias, Muy Buenas Noticias

Esto te va a encantar.

He decidido obsequiar varios de los bonos del programa
Locura de Autorespondedor a todo aquel que lo quiera
sin ninguna condición o algo así.

Y eso no es todo.

También te voy a dar una tonelada de recursos increíbles
totalmente gratis en las próximas semanas.

La razón por la que estoy haciendo esto para

ti, es doble:

Razón Uno: *Sólo para ser amigable.*
Es decir, ¿porque no? puede beneficiar a mi
karma.

Razón Dos: **Flagrante Autopromoción.**
Veras, estoy a punto de lanzar un nuevo y
AVANZADO
entrenamiento y he decidido regalar los
recursos más valiosos y maravillosos durante
este pre-lanzamiento que se hayan ofrecido
jamás.

Y la razón por la que estoy haciendo esto, es
doble también:

A: **Porque es divertido.**
B: El nuevo entrenamiento es bastante más
avanzado y muchos
de estos recursos gratis, están diseñados para
conseguir resultados a gran velocidad.

De hecho, uno de los recursos que te estoy
dando es una
campaña de solo "cortar y pegar" que está
diseñada para
hacer dinero ANTES de que mi nuevo
entrenamiento
salga a la venta...

...así que puedes utilizar los ingresos para
obtener el
entrenamiento y todavía tendrás ingresos de
sobra.

El nuevo entrenamiento se llama "Locura de Autorespondedor"
y es todo acerca de cómo apalancar tu Email Marketing y
obtener ganancias monstruosas de pequeñas listas de
suscriptores...

...y con eso puedas alcanzar la libertad financiera o el dinero
que necesitas para comprar las cosas bonitas que quieres de la vida,
todo esto sin invertir toneladas de horas diarias.

De hecho, mi secuencia para ganar dinero con Email Marketing, la realizo en solo una hora al día.

Una simple hora al día de trabajo enfocado, me permite ser
libre financieramente y eso quiero para ti.

He estado trabajando en estas nuevas estrategias en secreto
en los últimos 18 meses...y he utilizado a mi lista de suscriptores como conejillos de indias.

Por suerte, todo ha funcionado sorprendentemente bien y he
ganado un montón de dinero con esto!

ESTE ES EL CALENDARIO DE LOS INCREÍBLES RECURSOS

QUE VAS A RECIBIR

- - - - - - - - - - - - -

El pre-lanzamiento comienza oficialmente el 31
   de agosto,
pero robaré tu atención hasta antes de
   entonces.

Lunes 26 de agosto de 2013: **MD4D**

Comenzaré liberando la campaña "La Máquina de
   Dinero
de 4 Días", MD4D para abreviar.

Se trata de una campaña de solo "copiar y
   pegar",
te permitirá vender como loco cualquier
   programa tuyo o
de afiliado en solo 4 días.

Es sorprendente.

Martes 27 de agosto de 2013: **SOFTWARE GRATIS**

Invertí cerca de $2,000.00 en desarrollar este
   increíble
Software, te permite poner casilleros de
   registro en
todos lados, es totalmente sorprendente.

Lo único que te puedo decir es que NADIE nunca
   ha
dado algo así gratis jamás.

Y será tuyo totalmente gratis por estar

pendiente
de este lanzamiento.

¿Quieres obtener prospectos en Facebook?, ¿en
  Twitter
dentro de los solo 140 caracteres o algo así
  que te da
esa red?, pan comido con este bebé.

No puedo esperar a ver tu cara cuando veas lo
  que hace
este increíble software.

Miércoles   28   de   agosto: **Secuencia   de
  Lanzamiento de
Producto, SLP para abreviar.**

Podrás   utilizar   palabra   por   palabra   la
  legendaria SLP
que   utilice   para   promocionar   el   programa
  comisiones
Facebook de Gabriel Blanco, incluyendo el anti
  bono:
El anti afilado episodio la anti promoción en
  Facebook.

Muchas personas compraron nuevamente CF solo
  para
acceder a ese increíble anti bono.

Será tuyo y lo podrás ofrecer como parte de tu
  secuencia.

Jueves 29 de agosto: Licenciando la **MD4D.**

Esto es increíble.

Pensaba dar esto como mega bono de mi programa pero
decidí al final dártelo como regalo en el pre-lanzamiento,
qué buena onda es eso.

Lo que vas a hacer con esta campaña/estrategia es lograr
que otros promocionen a su lista su producto con tu link
de afiliado.

Piensa en eso.

Te daré las campañas y correos de contacto para hacer
que marketeros envíen una promoción de su propio
producto a su lista con tu link de afiliado.

No lo vas a creer cuando veas la psicología detrás de
esto.

Viernes 30 de agosto: Día de Lanzamiento

Este es el día en que Locura de Autorespondedor
abre sus puertas.

Se trata de un entrenamiento paso a paso y desde
cero para aprender a crear y monetizar tu lista de
suscriptores.

Se trata de más de 100 lecciones y bonos increíbles,
algunos ya los estoy dando desde este pre lanzamiento.

Podrás ser una de las 100 personas que tomarán
este programa, tendrás una ventaja injusta sobre el resto
de los marketeros cuando aprendas a ganar ganancias
monstruosas de pequeñas listas de suscripción.

Y AHORA PARA CONCLUIR EL CORREO MAS
LARGO DEL MUNDO...

Hecha un vistazo
a http://locuradeautorrespondedor.com,
el botón aún no está habilitado, no abrimos las puertas
hasta el 30 de agosto, quizás te dé la oportunidad
de acceder antes, estate pendiente.

Heliosaki "mantente atento a todos los recursos" Laguna

FIN DEL CORREO

Wow.

¿Viste lo que acabamos de hacer aquí?

Es sencillo.

Anunciamos que vamos a hacer un lanzamiento, pero lo anunciamos como buenas noticias.

Otros marketeros, cuando comienzan su promoción, sabes que es un tormento de correos de venta vacíos, correos del tipo "ve a ver este vídeo que el mundo se acaba".

Con Locura de Autorespondedor es totalmente diferente.

¿Qué más puedo decir de esta campaña?

Anunciamos un lanzamiento de forma buena onda y describimos los increíbles recursos que recibirán y con esto causamos el deseo de que estén atentos a su autorespondedor.

Y por último pusimos un poco de escasez pero en buena onda también, diciendo que solo serán 100 cupos a la venta.

En los siguientes correos no tienes más que entregar los bonos y dar más buena onda, piensa, ir anunciando los bonos.

Lo que sigue es muy sencillo, no hay mucho que pensar ni forma de hacerlo mal.

Solo entrega los recursos en las fechas prometidas y agrega una pizca de buen karma y escasez en cada email.

Asunto: Acabo de subir esto para ti

Esto te va a encantar.

Acabo de subir esto en línea para ti:
http://locuradeautorespondedor.com/md4d

Se trata de mi campaña "La Máquina de Dinero de 4 Días",

MD4D para abreviar:
http://locuradeautorrespondedor.com/md4d

Se trata de una campaña de solo "COPIAR y
   PEGAR",
te permitirá vender como loco cualquier
   programa tuyo o
de afiliado en solo 4 días:
http://locuradeautorrespondedor.com/**md4d**

Funciona en cualquier nicho de mercado,
   funciona
para un producto tuyo o un producto de
   afiliado.

Te estoy dando acceso a:
[+] Los correos
[+] El Capítulo sobre cómo encontrar
   descuentos
en productos de Clickbank
[+] Las instrucciones de funcionamiento de la
   MD4D

Y como te dije, es GRATIS, ve aquí por ella:
http://locuradeautorrespondedor.com/**md4d**

Heliosaki "descarga la máquina y gana dinero
   hoy mismo" Laguna

PD:

Cuando   accedas
   a http://locuradeautorrespondedor.com
como uno de los primeros 100 clientes te daré
   acceso
al software "Clickbank Goldminer", te

permitirá encontrar
productos en Clickbank y ahorrar un montón de
  tiempo,
un beneficio más de ser fundador de EMAIL
MARKETING ACELERADO.

¿Que hicimos en este email?

1. Entregamos lo prometido.
2. Más buen karma (el anuncio de Clickbank Goldminer).
3. Escasez de forma buena onda, (Clickbank Goldminer para los primeros 100 miembros).

Sencillo ¿no?

Email # 3 de: La Máquina del Buen Karma (MBK)

Asunto: Descarga Tu Software GRATIS

Hoy te estoy dando acceso a esta increíble
  pieza de
software que literalmente me costó $2,000.00
  en
costos de desarrollo.

Puedes descargarlo aquí:
http://locuradeautorrespondedor.com/optin-
  magico

Este increíble Software te permite poner
  casilleros de
registro en todos lados, es totalmente

sorprendente,
y ahora es totalmente GRATIS para Ti por ser
  mi
suscriptor y estar al pendiente de este
  lanzamiento.

Ve aquí por él:

Lo único que te puedo decir es que NADIE nunca
  ha
dado algo así gratis jamás, así que descárgalo
  ahora
mismo y comienza a crear tu lista de
  suscriptores:
http://locuradeautorrespondedor.com/optin-
  magico

Que lo disfrutes.

Heliosaki "el regalo más valioso que jamás he
  dado" Laguna

PD:
Por favor descarga tu software antes de que
  los gurús
comiencen a venderlo en usd $ 97.

PD:
A las primeras 100 personas que compren mi
  programa
http://locuradeautorrespondedor.com les
  enseñaré un truco
donde podrán obtener "dinero mágico"
  utilizando una de las
características de este software, lo he
  llamado, "efecto de

doble de redirección", te mostraré en vivo cómo funciona
cuando seas parte de http://locuradeautorrespondedor.com.

Email # 4 de: La Máquina del Buen Karma (MBK)

Asunto: Por favor descarga esto

Acabo de subir la Secuencia de Lanzamiento de Producto
que utilicé para promocionar Comisiones Facebook
de Gabriel Blanco.

Puedes descargarlo aquí:
http://locuradeautorrespondedor.com/slp

Este campaña me permitió ganar mas de usd $ 1,200
con solo 3 correos, usd $ 400 dólares por correo,
¿se trata de una buena paga por solo copiar y pegar no?

Ve aquí por la campaña completa:
http://locuradeautorrespondedor.com/slp

La campaña incluye mi anti bono El Anti Afiliado,
Episodio la anti promoción en Facebook. Se trata de
un programa que te enseña a ganar dinero como anti
afiliado sin salir de Facebook, es grandioso.

Descárgalo aquí:
http://locuradeautorrespondedor.com/slp

Disfruta la campaña, el anti bono y los derechos sobre
el anti bono.

Heliosaki "otro gran regalo valioso" Laguna

PD:

Los primeros 50 compradores de mi programa
http://locuradeautorrespondedor.com recibirán además
3 SLP mas, junto con sus anti bonos y los derechos de
estos anti bonos.

No hay nada que agregar nada más que amo la **MBK**.

<u>No hay nada igual, que te permita vender como LOCO y tener el agradecimiento de tu lista como esto.</u>

Email # 5 de: La Máquina del Buen Karma (MBK)

Asunto: NOTICIA DE ÚLTIMA HORA (esto te afecta)

Acabo de subir mi página de ventas de
Locura de Autorespondedor.

Puedes verla aquí:

http://locuradeautorrespondedor.com/la-locura

Esta página te muestra exactamente todos los detalles y en que consiste mi programa Locura de Autorespondedor, los increíbles ~~bonos~~ anti bonos que he agregado para los primeros compradores y el link para que puedas acceder al entrenamiento completo: http://locuradeautorrespondedor.com/la-locura

Además, te tengo un **MEGA BONO SORPRESA**

He decidido darte acceso a un mastermind de implementación del contenido de EMAIL MARKETING ACELERADO.

Solo los primeros compradores tendrán acceso a este mastermind en vivo de implementación y Preguntas & Respuestas.

Aquí puedes acceder a mi programa, los bonos y el MEGA BONO SORPRESA: http://locuradeautorrespondedor.com/la-locura

Heliosaki "Mega bono sorpresa" Laguna

¿Que hicimos aquí?

Abrimos las puertas al entrenamiento y anunciamos un Mega Bono.

Asegúrate de definir un Mega Bono para impulsar las ventas.

23. Secuencias de anti bonos

La siguiente de las secuencias es:
La Máquina de Anti Bonos (MAB).

Esta secuencia es muy sencilla.

Simplemente tienes que definir los bonos que vas a dar para tu producto y comienzas a revelarlos correo por correo.

La psicología detrás de esto es doble:

1. Acumulación de valor
2. Diferentes ángulos de ventas.

1. Acumulación de valor.

Al dar a conocer uno a uno los bonos (y explicándolos como si los estuvieras vendiendo) comienzas a acumular valor en la mente de tus suscriptores.

Imagina el escenario, revelas el bono # 1 y tu suscriptor piensa:
"¿Un bono? ¡Qué bien, hace que sea más atractivo comprar ese programa, lo consideraré!"

Después revelas el bono # 2 y el suscriptor piensa:
"¡Wow, que gran bono, lo tengo que tener, creo que vale la pena comprar el producto solo por ese bono, además del otro que también está muy bien!"

Después revelas el bono # 3 y piensa:
"¿Es una broma? ¡Tengo que tener esos bonos!
Difícilmente recibiré tanto valor en otro lado, ¡lo tengo que tener!"

Cuando revelas el bono # 4, el suscriptor piensa:

"¡Increíble que pueda tener el bono #2 y #4, llevo meses buscando algo así!

Tan solo el bono 2 vale 3 veces la inversión en el programa, sería de locos perderse esta gran oportunidad, voy a comprar"

2. Diferentes ángulos de ventas.

Quizás tu producto no termine de hacer click con tu suscriptor, pero alguno de los bonos, o la suma bono+producto haga click en ellos.

Piensa en esta objeción:

"No debo comprar ese programa, no tengo suscriptores..."

Revelas bono "Como crear una lista rápido".

"¡Wow! el programa que quiero + como crear mi lista" = Compra.

Objeción 2:

"No voy a comprar ese programa sobre Email Marketing porque no tengo autor respondedor (AR), ni siquiera tengo tarjeta de crédito para contratar uno, además es carísimo.

Revelas bono "Autorespondedor Gratis de por vida".

"¡Wow, Autorespondedor Gratis de por vida!" = Compra

Ahí lo tienes, trata de averiguar en tus correos las objeciones sobre tu producto, busca tú mismo debilidades en tu producto, crea un ~~bono~~ anti bono para transformar esas debilidades en fortalezas y listo.

Ahora sí, aquí te muestro el email # 1 que envié de mi campaña MAB para este programa, generó algo así como 20 ventas después de haber vendido ya decenas de ejemplares sin bonos.

Asunto: Como evitar que te roben tus comisiones de afiliado

El capítulo de hoy:

Cómo evitar que te roben tus comisiones de afiliado

Hay un plugin ninja para eso, te lo daré como un anti bono extra al comprar http://locuradeautorrespondedor.com/

¿Su nombre?:

Anti Afiliado Links

Anti Afiliado Links es un plugin de Wordpress.

Su malévola función es:

Inyectar tu "cookie" de afiliado.

Cookie de afiliado:

|----------------------Definición------------

Si eres afiliado y envías tráfico desde tu web
    a las webs
de vendedores para llevarte una comisión,
    sabrás que este
tráfico que tú envías a través de tu link,
    recibe una
"cookie" (archivo que se carga en su
    computador).

Esta "cookie" contiene un código de
    seguimiento para saber
Si ese visitante que tú has enviado a la web,
    acaba
comprando un producto o no y si es así, tú te
llevas una comisión.
|----------------------Fin de la definición--

Ok, ¿pero Heliosaki, eso qué tiene que ver
    con
http://locuradeautorrespondedor.com/?

Mucho.

Imagina que estas promocionando una oferta de
    afiliado
por medio de Email Marketing.

Imagina que la página de aterrizaje o captura
    del vendedor
apesta, piensa, tiene una pésima conversión,
    solo el 8% se
registran, entonces estás tirando tu tráfico a
    la basura,

92% es repelido por esa fea página de aterrizaje.

Lo mejor es crear tu propia página de captura y recabar
suscriptores y de ahí enviarlos a la carta de ventas del
vendedor, sí es buena.

O imagina que la carta de ventas del vendedor apesta,
solo convierte 0.5% de visitantes a clientes, además,
tiene links a su programa de afiliado, entonces las
personas llegan cargadas con tu "cookie" de afiliado, pero
ven el programa de afiliado del vendedor, se registran y
compran con su propio link, arruinando así tu venta.

Además,
en _http://locuradeautorrespondedor.com/_ vamos a ver
cómo vender con Email Marketing, sin necesidad de cartas de
venta y obtener conversiones 10 veces mejores que las de
una carta de venta.

¿Qué hacer entonces?

Sencillo.

[+] Saltarte la página de captura.
[+] Saltarte la carta de ventas e ir directo

al "Checkout"
(área de procesador de pago).

Solución para que no compres mi programa
http://locuradeautorrespondedor.com/ y   te
  saltes la página
de aterrizaje y vayan a la carta de ventas o
  descarga pero
que inyecte tu "cookie" de afiliado:
No la hay, al menos no la conozco.

Solución para que no compres mi programa
http://locuradeautorrespondedor.com/ y   te
  saltes
saltarte la carta de ventas e ir directo al
  checkout:

[Atención: Lo que sigue es contenido por lo
  que otros cobran]

[+] Paso 1 -- Tu link de afiliado

En este ejemplo, vamos a suponer que quiero
  promocionar el
plugin de WordPress "Ganancias Forzadas con
  Clickbank":
http://www.gananciasforzadasconcb.com/

Supongamos que un visitante llega a mi blog a
  leer un
artículo donde promociono un producto como
  afiliado y
quiero que mi "cookie" de afiliado se instale
  en su
computadora.

Así que este es mi link de afiliado
http://helio017.masinfo1.hop.clickbank.net

Lo que tienes que hacer es colocar tu link de
  afiliado
dentro de este código HTML de imagen...

Solo tengo que colocar mi link dentro de las
  comillas: "..."
Aquí esta:

Ahora, cada vez que tu explorador de internet
  "cargue" tu
imagen (que es tu link de afiliado por
  supuesto)...tu ID de
afiliado será cargado en la computadora del
  visitante..

**[+] Paso 2 -- Coloca el código de imagen en la
  página que quieras**

Ahora simplemente toca tu código de imagen
  justo antes de
donde inicia el código HTML de tu página web.

Si estas usando WordPress -- tampoco hay
  problema.
Sólo pega este código al inicio de tu
  artículo...

Coloca en el editor HTML y pega al inicio tu
  código
completo:

[+] Paso 3 -- Link directo a la página de Checkout del vendedor

(Saltándote la página de ventas del vendedor) Para "Ganancias Forzadas con Clickbank", el link que te lleva a la página de checkout es: http://1.masinfo1.pay.clickbank.net/

Necesitas encontrar/descubrir el link directo de la pagina de checkout. El formato del link es siempre el mismo: http://NumeroDeProducto.IDdelVendedor.pay.clickbank.net/

Para encontrar el número de producto de "Ganancias Forzadas con Clickbank", solo tengo que dar click en el botón de pago. Y buscar en el siguiente link el número de ítem.

[+] Paso 4 -- Pruébalo

Suponiendo que este es mi artículo de review de "Ganancias Forzadas con Clickbank", concluiría mi review con algo así:

Click Aquí para comprar GF Por solo $37.00 »

Después de dar click en el link de arriba, debes "ver" algo así... [affiliate = helio017]

[Fin del contenido por el que otros cobran]

Ahí tienes.

*Mi plugin **Anti Afiliado Links** te permite saltarte la página*
de ventas e ir directamente a donde quieras inyectando tu
"cookie" de afiliado.

También te permite ir directo al "Checkout" inyectando tu
cookie de afiliado.

Aquí en acción:
http://www.heliolaguna.com/recomienda/checkout-locura

Después de dar click en el link de arriba, debes "ver" algo
así...
[affiliate = hdca100]
(otra cuenta mía de Clickbank)

[+] Tiene sistema de rastreo de links únicos.
[+] Gráfica diaria de clicks totales

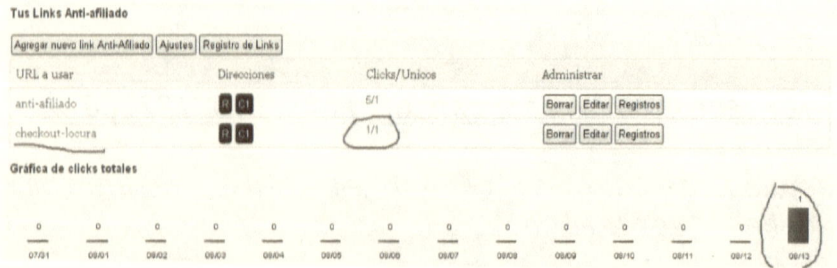

Es increíble.

Su precio real es de usd $ 37.
Será gratis para ti al
comprar http://locuradeautorrespondedor.com

Heliosaki "evitando que te roben tus comisiones" Laguna

PD: Mañana...aún no sé.

¿Que hicimos aquí?.

Dimos un Tip masivo, un Capítulo, vendimos el bono y a la vez el programa.

Tip extra masivo: Asegúrate de hacer ver el bono y tu producto como una combinación perfecta, piensa, las personas podrían interesarse en el bono, en este caso este plugin, y podrían buscarlo y comprarlo en otro lado, entonces tu labor es hacerles ver que tu bono+tu programa son irremplazables.

¿Hace sentido?

Continuamos con la secuencias:
Máquina de Anti Bonos (MAB).

Asunto: ¡Multiplica Por 5 Tus Suscriptores!

Heliosaki aquí.

En los últimos días te hablé de unos

anti bonos que agregué a mi programa
http://locuradeautorrespondedor.com/

Quiero explicarte más sobre ellos.

No estoy agregando contenido al azar para
vender mi programa, son recursos que realmente
NECESITAS para complementar tu entrenamiento.

El primero de ellos es el software WP Mas
Listas.

Esta es la carta de ventas:
http://wpmaslistas.com

http://wpmaslistas.com es un plugin de
WordPress.

Su función es crear casilleros de registro o
de
publicidad por todos lados en tu blog.

[+] Casilleros en la parte superior o
inferior.

[+] En la barra lateral derecha o izquierda.

[+] Al centro, como "pop up" (ventana
emergente)
en cuanto un visitante nuevo arriba a tu blog.

Es un sistema inteligente, si el visitante ya
ha dejado
su correo, no se le mostrará el "pop up".

[+] Casilleros al término de cada entrada.

Muy importante esto, he leído artículos que me han
dejado sin aliento, en ese momento me enamoro
del contenido de ese blog, pero si no hay dónde
dejar mi correo para recibir más, nunca tendrán mi
correo.

Tus artículos tendrán esa opción de forma
automática.

[+] Hasta casilleros en el área de comentarios.
Esto es un poco diabólico, pero lo hace este
plugin.

Y hay más...

[+] Sistema de tracking para conocer el porcentaje
.de registro de cada campaña que crees.

Puedes crear múltiples carnadas o recompensas
en cada página y medir cuál funciona mejor con su
sistema de "trackeo".

Es sorprendente.

Todas estas características están incluidas
también para los casilleros de publicidad, que
no es otra cosa más que ventanas emergentes
donde tus visitantes darán click para ser
dirigidos a donde quieras.

Estos casilleros te permiten llevar tráfico de

un lado
a otro en tu blog o a otros sitios.

Piensa en esto, de nada sirve recibir
toneladas de tráfico
si no tienes una forma de recolectar ese
tráfico en forma de correos en tu
autorespondedor.

Eso es lo que hace ese plugin, colectar al
menos 5
veces la cantidad de suscriptores que recibes
por la
misma cantidad de tráfico.

Debes de tenerlo.

Su valor real es de 37$.

A ese precio se vende como pan caliente en
Clickbank.

Sin embargo, será tuyo totalmente GRATIS al
comprar
http://locuradeautorrespondedor.com/

Ya está en el área de miembros esperando por
ti.

Heliosaki "Multiplica por 5 tus suscriptores
con el mismo tráfico" Laguna

¿Ves lo que hacemos?

Vendemos el ~~bono~~ anti bono y los beneficios de tenerlo.

No estamos aventando correos plaga diciendo "compra, compra por favor, estamos en cambio, dando contenido, acumulando valor y mostrando diferentes ángulos de compra.

¿Te gusta MAB?

Pues veamos cómo sigue...

Correo # 3.

Asunto: Deja de Pagar Autorespondedor Para siempre

Heliosaki aquí.

Continúo con los ~~bonos~~ anti bonos que agregue a mi programa http://locuradeautorrespondedor.com /

Autorespondedor para WordPress

Este es el vídeo de ventas: http://hernancastillon.com/plugin-autoresponder-para-wordpress/video/

Autorespondedor para WordPress es un asombroso plugin de WordPress.

Lo puedes instalar y configurar en menos de 5 minutos.

Una vez que lo haces, no tienes que pagar por

un autorespondedor nunca más.

Su valor real es de USD $ 27.

Un precio muy bajo para el beneficio que
   provee.

Sin embargo, será tuyo totalmente GRATIS al
   comprar
http://locuradeautorrespondedor.com/

Piensa en todo lo que te puedes de ahorrar en
   pago
de autorespondedor.

Yo pago alrededor de $200 cada mes en
   Autorespondedores.

Autorespondedor para WordPress te permite
enviar "Broadcasts" (boletines) y "Followups"
(secuencias de correos automatizados).

¿Qué más? Ah sí, este plugin soluciona el
   famoso
"Gmail Slap" (la crisis con Gmail).

¿Qué es eso?

Mira la imagen:

		Principal		Social		Promociones	+	
☐ ☆		Taylor Dove		♥ Best. Sex. Ever ♥ - Hi, I'm not ashamed to say.. that there aren't many things in life that are better				13:52
☐ ☆		- Danny Tang		I Found Work For You - If you are interested in a legitimate way to make money online, you need to				13:50
☐ ☆		Albert Serna Areiza		Empezaremos en 5 minutos, te espero! - Hola Helio Laguna, En sólo 5 minutos estaremos dando				12:52
☐ ☆		* Gabino Sanchez		AQUI ESTA TU PASE! (Abre AHORA) - Heliosalo, como te dije, aquí está tu pase para que puedas P				12:30
☐ ☆		Albert Serna Areiza		Helio Laguna, empezamos en 1 hora el Coaching Grupal... Te espero! - Hola Helio Laguna, En				12:01
☐ ☆		Juan & Mauricio Garza		Overcoming The Inferiority Complex In Just 4 Minutes (Highly Controversial) - Press Enable				12:01
☐ ☆		* Gabino Sanchez		AUDIO 2: Multiplica por 100 Tus Probabilidades de Exito - Heliosalo, estás listo para el audio fin.				12:00
☐ ☆		Simon & Jeremy		Heads Up Helio - Just a quick heads up on a couple of things Helio 1) Today is the LAST DAY you c				11:30
☐ ☆		Alex Kei		[Mini-Curso de Tráfico] ATENCIÓN: Información Importante sobre mañana - Hola Como te prói				11:15

Gmail hizo "folders" para clasificar el correo.

Los correos provenientes de una "herramienta de tercera
parte", como lo es un proveedor de servicio de Email
Marketing, como Aweber, GetResponse, o cualquier otro,
llegan a esa bandeja.

Desde que Gmail hizo esto, los marketeros comenzaron
a entrar en pánico.

Con http://locuradeautorrespondedor.com/ serás inmune
a que tus correos se vayan a la bandeja que sea, incluso
spam, las personas te escribirán para preguntar por tus
correos en caso de no encontrarlos, incluso en caso de no
recibirlos.

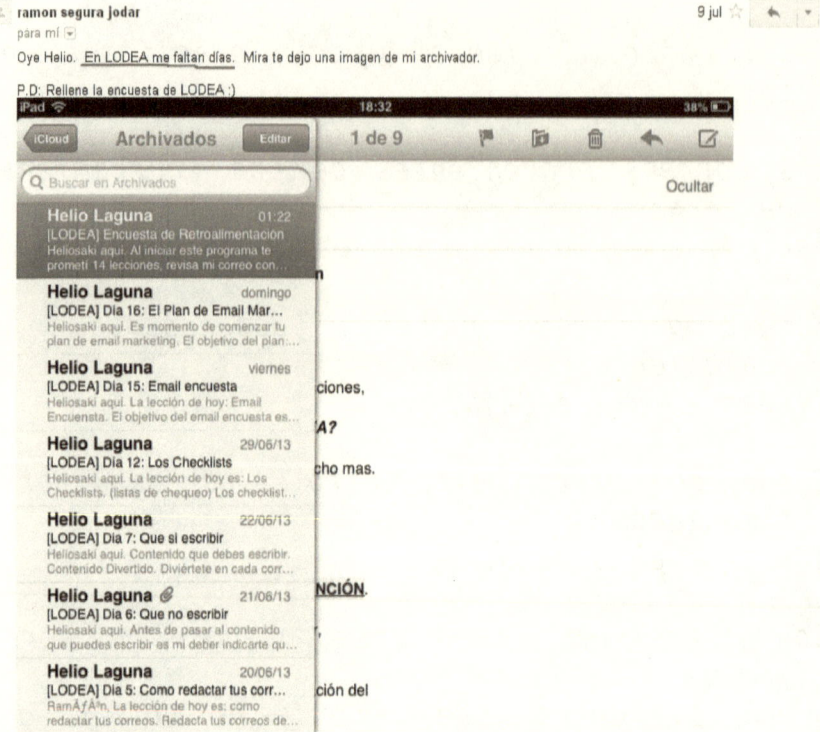

Sin embargo, con **Autorespondedor** para
WordPress
tienes la solución a la crisis con Gmail y un
    ahorro
sólido en tu bolsillo.

Ya está en el área de miembros esperando por
    ti, solo
ve por http://locuradeautorrespondedor.com/ y
    accede al
mejor programa de Email Marketing del mercado
    hispano,
a dejar de pagar autorespondedor para siempre
    y a la
solución a la "crisis con Gmail".

¿Qué hicimos?

Revelamos otro anti bono que, de hecho, resuelve una crisis del mercado, piensa, Tip masivo.

Quizás algunos compraron solo por eso.

Veamos el siguiente correo...

Correo # 4.

Asunto: Dinero en Potencia

Hey!

Heliosaki aquí.

Otro de los anti bonos a los que accederás una vez que
seas   parte
de http://locuradeautorrespondedor.com/ es:

3   de   mis legendarias Secuencias   de
Lanzamiento.

"¿Heliosaki qué es eso?"

Buena pregunta.

Son 3 campañas de correos hechas para ti.

3   campañas   de   Lanzamiento   de   Producto   de

afiliado,
piensa, ni siquiera necesitas crear tu propio producto
para comenzar a ganar dinero con este programa.

Uno a uno los correos, para que puedas enviarlos hoy
mismo a tu lista de suscriptores, incluyendo los
anti bonos de esas campañas.

¿Recuerdas cómo se produce el Frenesí de Compras?

SL + D + AB = FC

3 Secuencia de lanzamiento + Descuentos en los productos
+ 3 Anti Bonos = Frenesí de compras.

Cada una de estas campañas generó al menos 50 ventas.

Más de 1,000 $ de comisión en cada campaña.

Al comprar hoy http://locuradeautorrespondedor.com/
tendrás acceso a los anti bonos y los derechos de ellos
para ofrecerlos durante tu promoción.

Aquí un ejemplo del tipo de anti bonos de una de las
campañas: La Máquina de Dinero de 4 Días (MD4D),

para promocionar el programa Tips Financieros de mi
gran amigo y socio Sebastián Foliaco:
http://www.tipsfinancieros.com/blog/bonos-heliosaki-sebastian/

Ahí tienes, una vez que ingreses hoy mismo a http://locuradeautorrespondedor.com/, puedes ir a la
sección de recursos del programa, copiar los correos a tu
autorespondedor y generar dinero hoy mismo:

El dinero ya está ahí esperando por ti, es "dinero
potencial" en este momento, pregunta, ¿lo vas a dejar
perder?

Campaña # 1:

Comisión de 27.75 $, +50 ventas, dinero
   potencial 1,000 dólares.

Campaña # 2:
Comisión de 21.24 $, +50 ventas, dinero
   potencial 1,000 dólares.

Campaña # 3:
Comisión de 21.24 $, +50 ventas, dinero
   potencial 1,000 dólares.

No te ofrecería nunca una campaña que no me
   hubiera generado ventas.

Heliosaki "tienes dinero en potencia
   esperándote en el área
de miembros" Laguna

PD: También podrás acceder a todos los anti
   bonos de
cada una de las Secuencias de Lanzamiento.

Ve ya por tus anti
bonos: http://locuradeautorrespondedor.com/

Bonos

Da Click En los enlaces que se encuentran debajo para acceder a los bonos.

WP Mas Listas
No Comments

Autorrespondedor Para Wordpress
No Comments

Anti Bono Tips Financieros
No Comments

Optin Mágico
No Comments

ClickBank GoldMiner
No Comments

Anti Bono Comisiones Facebook
No Comments

Anti Bono Dinero Con Video Cartas
No Comments

Hi, heliosaki !

Logout

Navegación de Miembros

Plugin WP Mas Listas

Autorrespondedor para WordPress

Anti Bono Tips Financieros

Optin Mágico

ClickBank GoldMiner

anti bono Comisiones fb

Anti Bono Dinero con Videocartas

Back to Bonos

Aquí revelamos ~~bonos~~ anti bonos, que traen a su vez ~~bonos~~ anti bonos.

¡Qué locura!

Pero eso no es todo, aún hay más...

Correo # 5.

Hey!

Heliosaki aquí.

*El 5to. anti bono
de http://locuradeautorrespondedor.com/ es:*

Optin Mágico.

*Optin Mágico es un script en línea
   sorprendente y
diabólico.*

Su característica principal es:

Crear casilleros de registro en donde quieras.

¿En donde quieras Heliosaki?

En donde quieras.

Piensa en eso.

*Todo el mundo y su hermano tienen sus
   casilleros de
registro en su blog personal o página web.*

Pero resulta que su blog no tiene visitantes.

Es un "pueblo abandonado".

*¿Solución? Ir **DONDE ESTA EL TRÁFICO.***

¿Dónde esta?

Está en Facebook, Twitter, YouTube.

En realidad depende más de ti.

Depende de si tienes 5,000 amigos en Facebook
   o 20 mil
seguidores en Twitter, o si tus vídeos de
   YouTube son
virales, etc.

Así que ¿qué es lo que hace todo el mundo y su
   hermano?

Ir donde el está el tráfico, e intentar llevar
   ese tráfico
a su blog personal donde tienen cientos de
   casilleros de
registro.

Mmmmhh.

Tiene lógica y **esa era la única forma de
   hacerlo**, pero tu
sabes que el Anti Afiliado (o sea yo,
   Heliosaki), no se
conforma con la forma en que están las cosas.

Si algo no se puede hacer...busco como romper
   las reglas
y hacerlo y darte esa mejora en bandeja de
   plata.

Y es lo que estoy haciendo aquí.

Con Optin Mágico no tienes que sacar a las personas de
Facebook para que te den su correo.

¿Quieres crear un casillero de registro dentro de un post
en Facebook?

Optin Mágico lo hace.

¿En la descripción de mi vídeo en YouTube?

Pan comido.

En Twitter, en Pinterest, en cualquier red social o sitio
que quieras.

Incluso en este correo ¿porque no?

Simplemente colocas tu link mágico en donde quieras.

Aparecerá un "Pop Up" en ese lugar donde podrás dejar tus
datos y continuar ahí mismo.

Hace poco hice una campaña y un anti bono para el programa
"Comisiones Facebook" de Gabriel Blanco.

El Concepto Central de mi promoción y la razón de ese
anti bono fue:

"Para captar la atención de tus prospectos

tienes que ir
donde ellos están actualmente prestando su
*   atención,*
y una vez ahí, maximizar su atención hacia ti
*   y ese lugar*
actualmente es Facebook".

El Anti Bono fue el Programa:
El Anti Afiliado, Episodio la Anti Promoción
*   en Facebook.*

Puedes acceder a él de manera gratuita y
*   además probar*
este increíble script.

Instrucciones, se abrirá un casillero de
*   registro, irás a*
donde quiero que vayas, a la página de ventas
*   de*
http://locuradeautorrespondedor.com/ al dejar
*   tus datos*
el script te mandará a un lado, si no los
*   dejas, a otro.*

Este es el script en funcionamiento.

Da click en el para ser agregado al anti
*   bono El Anti*
Afiliado, Episodio la Anti Promoción en
*   Facebook:*
http://ofertasparamarketeros.com/tracking/?v=E
MAIL MARKETING ACELERADO

Así que...

Tú eliges a donde dirigirlos una vez que dejen

sus datos.
Adónde dirigirlos si no dejan sus datos
  también.

Qué página se muestra de fondo.

Tiene sistema de tracking (rastreo):

Optin Mágico también te permite subir vídeos
  de Youtube
o Vimeo.

Y hacer lo mismo.

Elegir la página de fondo.

Adónde dirigirlos si cierran el vídeo.
Adónde dirigirlos una vez que finalice el
  vídeo.

Aquí está en acción con un vídeo:
http://ofertasparamarketeros.com/tracking/?v=e
  mpresario+de+i

Piensa en todo lo que puedes hacer con este
  bebé.

Crear tu lista en Facebook, YouTube, Twitter,
  en tus
emails.

Mostrar vídeos en donde quieras.

Moverlos a donde quieras o dejarlos donde

están, una
vez que hagan la acción que quieras.

Y tiene dos características sorprendentes mas:

Voy a dejar que las explores por ti mismo, ve por
http://locuradeautorrespondedor.com/ y accede a
este increíble recurso para crear tu lista.

Heliosaki "creando mi lista donde está el tráfico" Laguna

.

Nota: Envía de 3 a un máximo de 6 bonos/emails.

No estará muy bien si agregas 25 bonos a la oferta.

¿Tiene sentido?

24. Secuencia omar alcaraz

Vamos a entrar en la última de las secuencias:
Secuencia Omar Alcaraz (SOA).

El nombre de la secuencia es en honor a mi amigo y socio <u>Omar Alcaraz</u>.

Esta secuencia es una de mis favoritas.

Combina lo mejor de dos mundos.

Una Secuencia de Lanzamiento (SL), con una Secuencia de Telenovela (SDT).

Por eso la dejé al final :-)

Vamos a entrar a las Secuencias de Telenovela (SDT).

Presta atención a este capítulo.

<u>El enfoque de este tipo de secuencia es la de ofrecer un entrenamiento gratuito, piensa, una SDT, con la oportunidad de participar en el programa completo y anunciar el programa completo a manera de lanzamiento.</u>

Como puedes ver es un híbrido.

Ejemplo de precios para usar en tu SOA.

Supongamos que el precio normal de tu programa es de 47 $.

1. Precio del programa: 97 $
2. Descuento por lanzamiento: 47 $
3. Descuento primeros 100 o 50 miembros: 27 $

La idea es:

1. **Fijar un precio máximo de tu producto <u>para aumentar el valor percibido.</u>**
   Lo recomendable es que sea de lo doble del precio regular de tu producto.

2. **El precio regular de tu producto en la SOA se llama "precio por lanzamiento".**
   La idea es hacerles sentir como su nombre lo indica, que se trata de un precio por lanzamiento.

   Nota: un lanzamiento puede durar tanto como gustes ;)

3. **Y finalmente, un precio de descuento por ser miembro "fundador".**
   Esto crea la locura de ventas.

   El precio por lanzamiento ya es una gran ventaja para aprovechar, pero todavía encima de eso, ¿un precio por miembro fundador?

   Eso hace la oferta un "no brain" (no tienes que pensarla para tomarla).

¿Hasta aquí todo tiene sentido?

Vamos a analizar la SOA que hicimos para lanzar nuestra membresía "<u>Club Ingreso Perpetuo</u>".

El enfoque de este tipo de secuencia es la de **ofrecer un entrenamiento gratuito**, repito, ofrecer un entrenamiento gratuito, este entrenamiento gratuito con "comerciales" a tu oferta principal y una serie de elementos que veremos a detalle más adelante conforman una Secuencia de Telenovela, SDT.

Tu entrenamiento gratuito disfraza una secuencia de lanzamiento.

Un último recordatorio antes de comenzar.

El manejo de precios.

Supongamos que el precio normal de tu programa es de 47 $.

1. Precio del programa: 97 $
2. Descuento por lanzamiento: 47 $
3. Descuento primeros 100 o 50 miembros: 27 $

Comencemos con la página de aterrizaje.

Esta es la página de aterrizaje de nuestro programa Club Ingreso Perpetuo:
http://www.tipsfinancieros.com/blog/el-metodo-gallina-fb

Esa página es el inicio de la SDT, es decir...

La trama de la telenovela inicia con la página de aterrizaje.

Después, continúa con tus correos.

El propósito es triple.

- Continuar con la SDT.
- Educar, dar valor sin nada a cambio, piensa, estrategia de preeminencia:
- http://locuradeautorrespondedor.com/pre-

entrenamiento/estrategia-de-preminencia/
- "Anunciar" tu lanzamiento.

Vamos ahora al análisis de esta SOA.

Este es el primer correo de la secuencia, importante, <u>tu primer correo tiene que conectar la SDT iniciada en la página de aterrizaje.</u>

Presta atención a lo resaltado en color, es parte de la capacitación.

Los 4 Pilares del Método Gallina son:

Pilar #1 Paz Mental
Pilar #2 Expansión de Contexto
Pilar #3 Múltiples Fuentes de Ingreso
Pilar #4 Escalar, Repetir, Olvidar.

Permíteme te explico...

Pilar #1 Paz Mental

La mayoría de las personas que carecen de paz mental, evalúan las oportunidades y negocios en base a emociones o en vez de evaluar la oportunidad con la lógica.

¿Te acuerdas de Mary, mi amiga, la que invirtió en la compañía de purificadores de agua?

Ella evaluó la oportunidad en base a sus emociones. El "experto" lo sabía. Por eso se aprovechó de ella.

¿Cómo obtienes paz mental si...

Estas endeudado con bancos, tarjetas y con tus
conocidos...
Has perdido dinero en otras empresas...
No tienes trabajo...
Estas iniciando y desconoces que hacer...
Sientes que se está pasando gran parte de tu
vida...
Tienes dinero pero temes perderlo en una mala
inversión...
Si no quieres depender de un tercero...
Tu pareja no te apoya...
Si vives de cheque a cheque...
¿Cómo obtienes paz mental si te encuentras en
cualquiera
de estas situaciones?

Un punto importante...

Lo que te da paz mental a ti, no le da paz
   mental
a tu vecino.

Algunas personas les da paz mental tener
   $10,000
dólares en efectivo en su casa a otros los
   pondría
en estado de paranoia tener esa cantidad de
   dinero
en la casa.

En las capacitaciones avanzadas te mostraré
diferentes ejercicios para crear paz mental lo
   más
pronto posible. Estos ejercicios están hechos

para
las distintas personalidades.

¿Te parece que continuemos mañana con el Pilar 2 y 3?

Misma hora, mismo lugar

Sebastián y los dos socios

PD: Sin Paz Mental tomaras decisiones por emoción
en vez de lógica.

PPD: El método gallina me ha permitido a mí y a
mis dos socios crear múltiples fuentes de ingreso
en diferentes industrias y con un riesgo
controlado.

PPPD: Notaras que al principio del email viene el
prefijo

[Método]

Lo hice de esa manera para que reconozcas los emails
de esta capacitación. Si ves un email con el prefijo [Método]
ábrelo de inmediato ya que puedo enviarte información
sensitiva.

Bien, que hicimos aquí.

Lo primero fue conectar con la página de aterrizaje en la que hablamos de Mary y prometimos revelar los 4 pilares.

En nuestro correo inicial damos un pequeño desenlace de Mary (sombreado en azul).

Después...

Comenzamos el correo, revelando cuales son los 4 pilares y más adelante, el detalle del primero, el resto en los siguientes correos.

¡Atención al poder del inconcluso!

Si damos todos los pilares aquí, perdemos la atención del prospecto, no hay más por dar, de ahí el revelar el resto en los siguientes correos, ¿hace sentido?.

Ahora lo sombreado en amarillo.

Puedes ver que comenzamos a crear el deseo por la capacitación avanzada, piensa, nuestra oferta principal, seguiremos haciendo eso en los siguientes correos.

¿Maquiavélico no? :-)

Por último:

"PPPD: Notaras que al principio del email viene el prefijo [Método]"

Estamos avisándoles que habrá más de esta "capacitación", piensa SOA en los siguientes correos, estamos asegurándonos de que los abran facilitándoles como identificarlos.

¿Notas cómo hacer las cosas así tiene más sentido que pensar en asuntos "spam" para que abran nuestro correo?

Vamos al correo 2 de la SOA.

Asunto: [Método] Pilar #2 Expansión de Contexto

En el correo de ayer pudiste notar...

Si te falta paz mental decidirás por emoción en
vez de manera lógica. La "emoción del momento" te
ciega a ver las consecuencias del futuro, tal como
le pasó a mi amiga Mary cuando invirtió su dinero
en la compañía de purificadores de agua.

Entremos en la Capítulo de hoy...

Pilar #2 Expansión de Contexto

Existen diferentes formas de lograr libertad financiera.

La pregunta es...

¿Cuál funciona para ti?

Pon mucha atención en este tema porque la personalidad de cada individuo tiene mucho que

ver
si fracasa o triunfa en los negocios.

Permíteme te explico...

Tengo un amigo llamado Salvador.

En un tiempo tuvo tres inversiones de bienes raíces. 12 personas rentaban sus unidades. Al principio, tenía a Mona, que colectaba las rentas
y se encargaba de traer nuevos inquilinos cuando
una unidad se desocupaba.

Todo iba bien. Salvador tenía sus gastos controlados y poco a poco sus inversiones le generaban un ingreso constante. Salvador quiso ahorrarse el dinero y le dijo a Mona que él se encargaría de hacer su trabajo.

Fue cuando todo se vino para abajo.

Salvador ha sufrido mucho para llegar a donde está. Cuando sus inquilinos le contaban sus problemas, Salvador sentía pena por ellos y reducía la renta. Algunos inquilinos abusaron de
su buena voluntad y dejaron de pagarle.
Ocho meses después, el banco le quitó las propiedades a Salvador.

Si notas, Salvador era bueno para encontrar tratos
de bienes raíces pero es pésimo administrador, por
eso tenía a Mona. Cuando el trató de hacer el

trabajo de Mona, su negocio se vino hacia abajo.

Aquí está el punto importante:

Existen diferentes formas de lograr libertad financiera.

¿Cuál funciona para ti?

Hay personas que desean ganar dinero en la bolsa
de valores pero su personalidad se los impide.

Son descuidados. Se les olvida checar las estadísticas en el tiempo acordado. Se desesperan
al ver tanto número. Les molesta estar pegados enfrente de una computadora.

Es una "pelea" interna, saben que hay dinero en la
bolsa de valores, ven que otras personas están ganando dinero y teniendo éxito y ellos siguen sin
alcanzar sus sueños.

Esto sucede...

Porque el negocio o las inversiones van en contra
de su personalidad.

¿Quiere decir que estas personas nunca serán exitosas
invirtiendo en la bolsa de valores
No estoy diciendo eso.

Lo que quiero decir, es que deben aprender a trabajar en base a su personalidad y sus fortalezas.

Cuando trabajas en base a la personalidad y tus
fortalezas es como si todo te cayera del cielo.
Trabajas como si no fuera trabajo.

Por ejemplo, tengo un amigo.

El "creía" que la única manera de lograr independencia financiera era a través de restaurantes.

Tuvo 5 restaurantes en diferentes ciudades y fracasó en todos porque su personalidad no es de
estar encerrado en 4 paredes esperando que la gente llegue a su negocio.

Sin embargo...

Mi amigo Raúl encontró mercadeo en red y en su última compañía alcanzó libertad financiera en 18
meses.

¿Por qué?

Porque su personalidad se acopló con el negocio.

No quiere decir que te pasará lo mismo que Raúl y

*lograras libertad financiera en 18 meses solo
porque encontraste el negocio que se acopla
con tu
personalidad.*

*Lo que me gustaría que quedara grabado en tu
mente
es que...*

*Existen diferentes formas de lograr libertad
financiera.*

¿Cuál funciona para ti?

*Mañana te compartiré el Pilar #3 Múltiples
Fuentes
de Ingreso*

¿Misma hora? ¿Mismo lugar?

Sebastián y los dos socios

*PD: En las lecciones avanzadas hablaremos de
diferentes modelos de negocios para las
distintas
personalidades.*

*PPD: Envíame un email para saber cómo te está
ayudando esta capacitación. Solo da reenviar.*

¿Que hicimos aquí?

Dimos contenido de valor, revelamos el pilar # 2

¿Es lo que hacemos en EMAIL MARKETING ACELERADO cierto?
   90% contenido de valor y al final un ligero mensaje de

ventas.

El mensaje de ventas aquí, está en la posdata.

PD: En las lecciones avanzadas hablaremos de diferentes modelos de negocios para las distintas personalidades.

Sencillo ¿cierto?
Apuesto a que ya mismo puedes crear tu primera SOA.

¿Qué más hay relevante aquí?

Mañana te compartiré el Pilar #3 Múltiples Fuentes de Ingreso.

Con esto buscamos crear anticipación para que abran nuestro correo mañana.

¿Qué más...?

PPD: Envíame un email para saber cómo te está ayudando esta capacitación. Solo da reenviar.

Estamos generando confianza con ellos, "envíame un email", además, estamos midiendo cuánta ATENCIÓN tenemos de ellos.

¿Ves qué sencillo es?

ATENCIÓN, ATENCIÓN, ATENCIÓN

Esta secuencia nos ha generado más de 100 socios activos en nuestra membresía en el primer mes.

No porque la veas sencilla pienses que no funciona.

Correo 3 de la SOA.

Asunto: [método] Pilar 3: Múltiples Fuentes de Ingreso

Me moría de ganas por llegar a este correo.

*Hablar de múltiples fuentes de ingreso es uno de
mis temas preferidos.*

Este Pilar, en el Método "Gallina", es la fundación para lograr libertad financiera.

Pilar #3 Múltiples Fuentes de Ingreso

Si captas este correo:

*Te prometo que tu vida no será la misma...
No te levantarás de la cama como lo hacías
antes...
No verás tu situación financiera como lo
hacías*

antes...

Tener múltiples fuentes de ingreso es más simple
de lo que habías pensado (usando el Método gallina)

Supongamos que tu meta es generar 2,000 dólares
extras cada mes, que lleguen a tu bolsillo sin falta.

Esa cantidad te permitiría:

Estar más tiempo con tu familia.
Viajar a distintos lugares.
Darte uno que otro gustito.
Vivir de manera cómoda sin preocuparte por el cheque de tu trabajo.
Ahorrar para el retiro.
Darle la calidad de vida que tu familia se merece.

¿Cómo haces para ganar 2,000 dólares cada mes de
manera constante en los próximos 12 a 24 meses?

Primera Opción:
Puedes hacerlo como recomienda el típico "experto"
de finanzas.

"Enfócate en un solo sector hasta que consigas los
2,000 dólares por mes"

Ej.
"Enfócate en la bolsa de valores o enfócate en tu
restaurante o enfócate en bienes raíces."

El problema con este consejo, es que funciona para
muy pocas personas.

¿Cómo sé que funciona para pocas personas?
Tan solo mira los resultados.

¿A cuántas personas conoces que estén recibiendo
2,000 dólares de ingreso pasivo de un solo negocio?
Muy pocas.

Llegar a 2,000 dólares mensuales, cuando recién
empiezas un negocio o inversión puede ser difícil
en un solo sector si careces de experiencia o mentoría.

El Método "Gallina" es todo lo contrario...

Es enfocarte en generar "Múltiples" Fuentes de Ingreso en distintos sectores o industrias.

Aquí está el por qué:

Supongamos que sigues el consejo del experto típico de finanzas y al iniciar te enfocas en un
solo sector

En 2 años logras generar 2,000 de ingreso residual en la bolsa de valores.

Todo va muy bien, estás emocionado de que tu esfuerzo
ha rendido frutos.

Días después, una crisis sacude a la bolsa de valores y tus ingresos pasan de 2,000$ a 200 dólares por mes.

Tu paz mental desaparece.
Entras en pánico porque tu única fuente de ingresos se ha secado.
Tomas decisiones drásticas para recuperar el ingreso que perdiste.

En 15 días, tu vida dio un giro de 180 grados y
vuelves a estar en el mismo lugar que cuando empezaste.

Ahora...

Supongamos que decides seguir El Método "Gallina"

Identificas 4 industrias en base a tu personalidad
para crear múltiples fuentes de ingreso.
(Bienes raíces, mercadeo en red, negocios locales
y negocios online).

Un edificio financiado por el dueño de 4 unidades

500 dólares.
Negocio de mercadeo en red $500 dólares.
-Negocio de consultoría local $500 dólares.
Negocio en Internet $500 dólares.

Total: $2,000 dólares por mes

¿Cuánto tiempo te tomaría generar estas fuentes de
ingreso?
¿Crees que te tomaría 24 meses si tienes de mentor
a alguien que ya lo ha logrado?

¿Qué pasa si una de estas fuentes desaparece?

Si desaparece la fuente, la reemplazas de inmediato y en unos meses, todo regresa a la normalidad. Tu estabilidad económica no llega al
punto de crisis.

El Método "Gallina" y sus Pilares tienen como objetivo ayudarte a…

Llegar a tu meta lo más pronto posible con el menor riesgo.

El siguiente pilar te ayudará a sistematizar todo

Sebastián y los dos socios

PD: ¿Cómo crear estas fuentes de ingreso? En las
capacitaciones avanzadas te mostraremos distintos

modelos de negocios que puedes seguir para encontrar tu futura fuente de ingreso.

PPD: Muy pronto recibirás una invitación exclusiva
para estas capacitaciones avanzadas. Si te gustaría ser parte de ellas, da reenviar a este
email y dime que te gustaría ser parte.

¿Que hicimos aquí?

Dar más y más VALOR.

Valor masivo hasta que duela dar tanto.

Si no te duele revelar tanto, regresa y edita tu campaña, da hasta que duela.

Da valor hasta que duela.

Piensa, ¿cómo van a comprar si no les das lo mejor de ti, si no les demuestras previo a pedirles dinero (Preeminencia) que les darás valor masivo?

¿Qué más? Ah sí. Revelamos el pilar # 3

Nuevamente el mensaje de ventas está en la posdata.

PD: ¿Cómo crear estas fuentes de ingreso? En las
capacitaciones avanzadas te mostraremos distintos
modelos de negocios que puedes seguir para

encontrar tu futura fuente de ingreso.

PPD: Muy pronto recibirás una invitación exclusiva
para estas capacitaciones avanzadas. Si te gustaría ser parte de ellas, da reenviar a este
email y dime que te gustaría ser parte.

Anticipación para el siguiente correo:

El siguiente pilar te ayudará a sistematizar todo

¿Qué más...?

Contenido que Hace Ventas aquí:

PPD: Muy pronto recibirás una invitación exclusiva
para estas capacitaciones avanzadas. Si te gustaría ser parte de ellas, da reenviar a este
email y dime que te gustaría ser parte.

TIP Masivo de Heliosaki:
Las personas responden...
Las personas que lo hacen, generalmente compran.

Esto lo aprendes en el programa "Contenido Que Hace Ventas":
http://heliolaguna.com/cove

Programa de nuestro patrocinador de Campaña Omar Alcaraz.

Correo 4 de la SOA.

Asunto: [método] Pilar 4: Escalar, Repetir, Olvidar

En el **Pilar # 3** te diste cuenta cómo crear múltiples fuentes de ingreso **sin arriesgar tu futuro financiero.**

En el correo de hoy descubrirás cómo sistematizar
tus múltiples fuentes de ingreso para llevarlas al
siguiente nivel, repetir el proceso o simplemente
olvidarlas y colectar el ingreso.

No toda fuente de ingreso merece la misma atención.

Algunas fuentes de ingreso llegan a su límite y no
vale la pena invertirle más tiempo. Hay otras fuentes que necesitas escalarlas o repetirlas para
incrementar tus ingresos en algo comprobado que

funciona.

Te Presento...

Pilar #4 *Escalar, Repetir, Olvidar.*

Escalar: *Llevar la fuente de ingreso al siguiente*
nivel.

Repetir: *Repetir el mismo proceso para un obtener*
un resultado similar.

Olvidar: *Esta fuente de ingreso tiene dos opciones; se secará en el futuro o el ingreso nunca incrementará.*

Escalar

Digamos que tienes un servicio de hospedaje de páginas web para dueños de restaurantes.
El ingreso que generas en tu ciudad es de $475 dólares cada mes. Los cobros se hacen de manera
automática.

Lo que más te costó fue preparar todo para que pudieras
generar ingresos recurrentes. El servicio funciona y
los clientes lo pagan sin ningún problema.

Esta fuente de ingreso la puedes escalar 10 a
15

veces lo que te produce al mes. *El trabajo de planeación y estructura fue lo más difícil.*

En las capacitaciones avanzadas aprenderás como
escalar una fuente de ingreso una vez que ya la
estableciste.

Repetir

Hay fuentes de ingreso que no puedes escalarlas,
solo repetirlas.

Imagina que recibes 350 dólares extras de una propiedad que adquiriste como "lease option" (renta con opción a compra). Si quieres incrementar tu flujo de ingreso en esta fuente tendrás que ocupar el mismo método pero en otra
propiedad.

Aunque quieres cobrar más renta hay un límite que
el inquilino puede pagar.

Aquí **solo puedes** repetir el método en diferentes
fuentes.

Olvidar

Hay fuentes que el ingreso siempre será lo

mismo o
se secará en el futuro. Estas fuentes las
   olvidas,
recibes el ingreso y te enfocas en crear otras
fuentes de ingreso.

Invertiste tu dinero en la bolsa de valores y
   tu
interés siempre será "X" por 3 años.

Aunque quieras que tu ingreso incremente, es
   imposible
porque ya está estructurada de esa manera.

Las puedes reconocer porque solo duran un
determinado tiempo:

Por ejemplo, tengo un amigo que adquirió un
contrato de exclusividad de área por un año
   con un
orador famoso. Cada vez que alguien contrataba
   a
este orador en su estado, él se llevaba una
   jugosa
comisión. Duró un año pero fue un ingreso
   extra.

**Las personas que desconocen el Pilar
   4: Escalar,
Repetir, Olvidar** se frustran cuando quieren
   que su
fuente crezca y es una fuente que deben
   olvidar.
En ocasiones tratan de escalarla cuando deben
repetir el método. A veces olvidan cuando
   deben de

escalar.

El problema es...

Que se dan cuenta muy tarde de cuál era la acción
que debieron tomar.

En las capacitaciones avanzadas, nos expandiremos
en este pilar y te mostraremos ejemplos de ciertos
negocios.

En los últimos días has visto el "Método Gallina" y
sus 4 Pilares.

El día de mañana recibirás una invitación
exclusiva para unirte al Club Ingreso Perpetuo.

En el Club Ingreso Perpetuo...

Iremos a detalle en los 4 Pilares de El Método
Gallina para hacerlo accionar a tu favor.

Si te gustaría formar parte de este Club
exclusivo, da reenviar a este email para tomarte
en cuenta y ofrecerte una concesión especial.

Sebastián y los dos socios.

PD: Si lo que has leído en estos emails te ha servido, entonces, El Club Ingreso Perpetuo cambiará tu vida.

¿Que hicimos aquí?

Lo sabes: **V A L O R**

¿Qué más?
Revelamos el pilar # 4

Mensajes de ventas:

---

*En las capacitaciones avanzadas, nos expandiremos
en este pilar y te mostraremos ejemplos de ciertos
negocios.*

El día de mañana recibirás una invitación exclusiva para unirte al Club Ingreso Perpetuo.

*Si te gustaría formar parte de este Club exclusivo, da reenviar a este email para tomarte
en cuenta y ofrecerte una concesión especial.*

PD: Si lo que has leído en estos emails te ha servido, entonces, El Club Ingreso Perpetuo cambiará tu vida.

Qué más...

Contenido que Hace Ventas aquí:

Si te gustaría formar parte de este Club exclusivo, da reenviar a este email para tomarte
en cuenta y ofrecerte una concesión especial.

TIP Masivo de Heliosaki.

A las personas que respondan, les puedes ofrecer un descuento especial.

Como estás aplicando COVE sin saberlo, esas personas comprarán, casi seguro que lo harán.

Correo 5 de la SOA.

Lo anunciamos en nuestro último email de la SOA, la invitación exclusiva al Club.

Asunto: [Método] Invitación Exclusiva al Club Ingreso Perpetuo

Esta es tu Invitación Exclusiva y Personal para

formar parte del Club...
"Ingreso Perpetuo"

Cómo Crear Múltiples Fuentes de Ingreso Para
Lograr Libertad Financiera

El Club Ingreso Perpetuo es una capacitación
continua de 12 meses

El concepto central está basado en los 4
   Pilares
del Método Gallina:

Pilar #1 Paz Mental
Pilar #2 Expansión de Contexto
Pilar #3 Múltiples Fuentes de Ingreso
Pilar #4 Escalar, Repetir, Olvidar.

El primer mes en el club nos enfocaremos en tu
   paz
mental.

Como obtener paz mental si:

Estas endeudado con bancos, tarjetas, amigos y
familiares.
Has perdido dinero en otras empresas...
No tienes trabajo...
Estas iniciando y desconoces que hacer...
Sientes que se está pasando gran parte de tu
vida...
Tienes dinero pero temes perderlo en una mala
inversión...
Si no quieres depender de un tercero...
Tu pareja no te apoya...
Si vives de cheque a cheque...

Cubriremos diferentes ejercicios para que alcances
paz mental en base a tu personalidad y en la etapa
que te encuentres. Podrás elegir el ejercicio que
funcione para ti y tu situación financiera actual.

Sin paz mental, tus inversiones y negocios nunca
florecerán.

(Recuerda esto, ninguna inversión debe arrebatarte
tu paz mental, si lo hace, no estás invirtiendo,
estas apostando.)

En el Club Ingreso Perpetuo...

Descubrirás diferentes formas de alcanzar libertad
financiera y te enfocaras en la que funcione para ti.

Conocerás diferentes modelos de negocios y de
inmediato sabrás cual es el que te conviene.

Cuando hayas elegido el mejor modelo de negocio en
base a tu personalidad...

Entraremos en las lecciones de...

Activación

Activar una fuente de ingreso lo más pronto posible.

En estas lecciones nos arremangaremos la camisa
hasta los codos y empezaremos a trabajar en una
nueva fuente de ingreso.

Cuando tengas tu primera fuente de ingreso trabajando para ti, nos moveremos a la parte final...

Escalar, Repetir, Olvidar.

TODO este proceso nos tomará de 9 a 12 meses de
educación continua.

No podemos prometerte que al final de los 12 meses
tendrás una fuente extra de ingreso porque sería
ilegal.

Sin embargo...

Si lo que has leído en estos últimos emails ha hecho sentido para ti, entonces, ser parte del Club Ingreso Perpetuo es la decisión correcta.

Te prometemos mostrarte exactamente la manera como
construimos nuestras fuentes de ingreso.

¿Cómo recibirás las lecciones?
Las enviaremos a tu correo electrónico tal y
 como
recibiste estos 4 Pilares.

Las lecciones son de fácil consumo para que
nunca te sobre-saturarás de información.

Recibes una lección = Fácil consumo = Mayor
aprendizaje.

¿Cuál es la inversión para el Club Ingreso
 Perpetuo?

La inversión es simple.

47 dólares por mes por 12 meses.

Sin embargo...

Estamos en etapa de lanzamiento.

Lo que significa que otorgaremos un precio
especial a los miembros fundadores siempre y
cuando tomen acción HOY MISMO.

La inversión será de $19 dólares por mes.

Lo que compartiremos en El Club Ingreso
 Perpetuo
vale mucho más que $19 dólares por mes.

Tan solo la Capítulo de "Como Salir de Deudas
 de
Una Vez Por Todas" puede ahorrarte miles de
dólares y muchos años de sufrimiento.

¿Qué precio le pones al salir de deudas?
¿Cuánto cuesta recuperar tu paz mental?

Los 19 dólares por mes es una inversión
inigualable.

Pon mucha atención aquí

¿Te acuerdas que te mencioné que estamos en
   pleno
lanzamiento?

Los primeros 100 miembros que se unan al Club,
recibirán un descuento de $10 dólares por mes.

Quiere decir que tu inversión al Club Ingres
Perpetuo es de *$9 dólares por mes*.

Esta promoción es para las primeras 100
   personas.

$9 dólares por mes si tomas acción HOY MISMO y
eres de los primeros 100

¿Garantía?

Tienes 60 días para probar sin ningún
   compromiso
El Club Ingreso Perpetuo.

Si en esos 60 días no sientes que la
   información
no vale al menos 10 a 20 veces lo que estas
pagando, puedes pedir un reembolso total.

Todo el riesgo cae en nuestros hombros.

Puedes tomar ventaja de TODAS las lecciones
que recibas en 60 días.
Si al final no es lo que tú pensabas, solo
pides un reembolso y en menos de 24 horas lo
procesaremos.

El procesador que usaremos es PayPal. De esa
manera tu compra queda registrada en sus
servidores y hacer un reembolso con ellos es
sencillo.

Da click aquí para Unirte Hoy Mismo por $9
   dólares por
mes

Te veo en las lecciones avanzadas.

Sebastián y los dos socios

PD: Las lecciones avanzadas en el Club te
   abrirán
tu mente como nunca lo había hecho ninguna
   otra
capacitación. Dame 60 días para
   comprobártelo.

Únete aquí por $9 dólares por mes

PPD: Advertencia: El precio de $9 dólares por
   mes
es solo para miembros fundadores. Si no tomas
acción HOY MISMO y los 100 espacios son
   tomados
por otros miembros el precio incrementará.
Únete Hoy Mismo por $9 dólares por mes.

¿Qué hicimos aquí?

¿V A L O R?

Esta vez, kimosabi, lo que hicimos es la invitación a la oferta y la descripción detallada de en qué consiste.

Además...

El manejo de precios.
¿Recuerdas el correo 1 de la SOA?
Defines 3 precios y los usas.

25. Secuencia de lanzamiento exitoso

Toca el turno de analizar un Lanzamiento Exitoso.

El lanzamiento de mi programa EmailTenimiento:
https://heliosaki.leadpages.net/emailtenimiento/

EmailTenimiento fue lanzado 100% con Email Marketing.

El lanzamiento consistió en 2 grandes fases:

Fase 1: Avisar que iba a haber un lanzamiento
Fase 2: Lanzar.

La primera fase tiene el objetivo de segmentar a tus suscriptores.

Piensa, encontrar personas interesadas en el lanzamiento.

La segunda fase tiene el objetivo de vender como loco.

En venderle **a personas interesadas en comprarte**, ¿no es maravilloso?

En cada fase puedes enviar de 1 a más emails, no hay límite, cuantos más emails, mejor.

Permíteme repetirlo "**Más es mejor**".

Esto es algo grande.

Los lanzamientos tradicionales envian emails "compra-compra", emails del tipo "ve a ver este vídeo".
Esos emails tienen el efecto contrario.
Más emails lastiman más a tus suscriptores.

No sucederá con la estrategia que vamos a ver.

Pero me estoy adelantando...veamos más sobre segmentación.

La idea detrás de segmentar es no mostrarle a tu lista una oferta que no tiene relación con ellos, ejemplo, no enviarle una promoción sobre cómo ganar dinero con Facebook a una lista de personas interesadas en "bajar de peso".

Los lanzamientos pueden ser creados una vez por semana/mes/trimestre, será más fácil conforme vayas creando más sub listas, piensa, estas sub listas estarán encantadas de recibir este tipo de promociones porque "encajan" con ellos.

El día que conocí el poder de esta estrategia.

Durante mi promoción de Afiliados Delta creé un sitio de membresía al estilo El Anti Afiliado: http://elantiafiliado.com/

Generé más de 3,000 $ en comisiones con una pequeña lista de 163 interesados.

Fui el afiliado # 7 en ese lanzamiento. Masacrando a gurús que promocionaron arduamente correos plaga a sus listas de 100 mil personas.

Ese día me percaté que las SLP eran poderosísimas, si se enviaban a personas INTERESADAS.

De ahí la importancia de segmentar poco a poco tus listas.

Hay algo muy importante que debo advertirte.

Las Secuencias de Lanzamiento (SL) no tienen la misma efectividad si no vienen precedidas valor

masivo mediante tus emails diarios.

¿Qué más influye en la efectividad de una SL?

El nicho.

¿Qué tan afín es tu suscriptor a la oferta que le estas enviando?, quiero decir, una SL del nicho ganar dinero a prospectos del nicho bajar de peso no sería una gran idea.

Ojo. Las SL son universales. Puedes usar una para promocionar un producto de bajar de peso a una lista con ese interés, piensa, no es exclusiva del nicho "ganar dinero".

El conocimiento de tu audiencia.

La clave es conocer y entender las necesidades de tu audiencia mejor que ellos mismos.

La persona que mejor conoce las necesidades de su audiencia gana.

La relación con tu audiencia.

Entre mayor sea la relación con tu lista mejores serán tus resultados.

Piensa en esta capacitación te estoy dando (o intentando dar) más valor, valor masivo en todos mis capítulos, eso fomenta más la relación y aumentará más mis resultados si en un futuro te envío una SL.

Apuesto a que hoy que estás leyendo este capítulo no soy un desconocido más para ti, apuesto a que confías en mí, que sabes que te puedo ayudar (lo he demostrado dando valor masivo en mis lecciones), piensa ahora con quién tendría más resultados enviando una SL relacionada con Email Marketing.

Con los lectores de este libro o con aquellos que no hayan recibido este entrenamiento.

Más sobre la efectividad de las SL.

Anillo al dedo.

Esto es que tanto la oferta que estas promocionando ENCAJA con las necesidades y deseos de tu audiencia.

Ejemplo. Un programa que encaja perfectamente con tu interés en monetizar una lista de suscriptores es la capacitación de Omar, llamada "Secuencias Perpetuas de Email Marketing":
http://elmercadologo.com/privado/secuencias-perpetuas-helio/

Esa recomendación sería una SL ideal para hacer a mis lectores, quizás la haga más adelante.

Sin embargo si hago una SLP contigo sobre Comisiones Facebook, no esperaría grandes conversiones.

¿Tiene sentido?

Sincronización adecuada.

Esto es especialmente relevante para el nicho de "ganar dinero". Si estás en otro nicho no aplica lo siguiente.

En el nicho ganar dinero hay lanzamientos masivos

continuamente.

Es una mala idea realizar una SL en medio de un gran lanzamiento, piensa, tu lista estaría distraída con ese gran lanzamiento.

Más de Sincronización adecuada, realiza tus SL unos cuantos días antes de los días de paga, 15 y 30 del mes, no queras lanzar tu oferta cuando las personas no tengan dinero para comprarla.

El flujo correcto.

Opción 1.

Realiza tu SL a una lista que ya tengas SEGMENTADA de personas interesadas en el nicho de tu oferta.

Opción 2.

Tienes una lista general.

1. Segmenta tu lista. Envía un correo a esa lista avisándoles que vas a realizar una promoción.

2. Promociona tu SL a esa lista segmentada.

26. Secuencia de lanzamiento exitoso (2 Parte)

Ha llegado el momento de revelar el proceso detrás del lanzamiento.

Te comente que son 2 fases para el lanzamiento.

Estas dos fases se componen de 4 pasos:

Paso 1: Anuncia el producto.

Paso 2: Lleva tantas personas como puedas de tu lista principal a una lista de personas que hayan "levantado la mano" diciendo "estoy interesado".

Paso 3: Envía valor y anticipación a ambas listas hasta el día de lanzamiento.

Paso 4: Durante el lanzamiento, envía emails a ambas listas con diferentes frecuencias.

¿Suena simple no? Porque lo es :-)

Otros métodos de lanzamiento son más complicados, lo simple es lo que funciona.

Las ventas te lo demostrarán.

Ok, entonces, el primer paso, es anunciar el producto.

Lo que haces es decirle a tu lista principal que tienes un producto y que se pueden unir a la lista de lanzamiento para obtener un descuento, o algún bono, yo prefiero ofrecer un descuento y dejar los bonos como un incentivo más para comprar.

Descuento + bonos, ¿ok?

Aquí el primer email avisando sobre el lanzamiento:
http://archive.aweber.com/emvudu/IsFE1/h/Esos_Emails_A
burridos.htm

Ahora un poco de explicación.

Lo que hago en ese email es enviarlos a mi página de
lanzamiento,   esta
página: https://heliosaki.leadpages.net/lanzamiento/

Antes tuve que subcontratar quien me hiciera un cover para
mi producto, aunque puedes no tenerlo y de cualquier
forma lanzar tu página de registro.

La página de registro al lanzamiento tuvo una conversión de
34%

 lanzamiento

.

Es una página vistosa, utilice Leadpages para crearla y medir
las conversiones: http://link.leadpages.net/SH1e

Leadpages me permite además colocar una cuenta
regresiva (ya no está activa en estos momentos).

Anyhoo...

La página de registro al lanzamiento me permite hacer
que los interesados "levanten la mano".

Los emails me permiten despertar el deseo por el programa
que voy a lanzar.

Además, doy en ellos información valuable, en este email de
asunto
"Esos Emails Aburridos":

http://archive.aweber.com/emvudu/IsFE1/h/Esos_Emails_A burridos.htm te revelo que nunca envíes un email sin vender algo.

Siguiente email.

La actividad más rentable:
http://archive.aweber.com/emvudu/Dn3I1/h/La_Actividad_ Mas_Rentable.htm

Continúo con lo mismo.

Invitando al registro.
Despertando el deseo por el curso
Dando información valuable.

Pre vendo que Email Marketing es la actividad más rentable y voy a vender un producto sobre Email Marketing, así que está bien "vender eso".

Pero ¿te das cuenta de que no estamos vendiendo nada?

Estamos simplemente invitando al registro y avisando que faltan 4 días para el lanzamiento, anticipación.

Siguientes emails:

Receta gurú para no quemar a tu lista:
http://archive.aweber.com/emvudu/DM3Fn/h/Receta_Guru _Para_No_Quemar_A_Tu.htm

En este email muestro altas tasas de apertura, algo que vuelve loco a las personas y les provoca más deseo.

Otro más:
http://archive.aweber.com/emvudu/N10Tn/h/Que_Pasa_Si_ Te_Enfocas_En_Los.htm

En este email muestro un gran error del mercado.

Un error que comete todo el mundo y su hermano y la solución es...adivinaste, EmailTenimiento (comienzo a escuchar la caja registradora).

Siguiente email:
http://archive.aweber.com/emvudu/DOpbn/h/Como_Hacer _Que_Abran_Tus_Correos.htm

En este email dejo algo inconcluso, para que abran mi siguiente email, el email más importante, el primer email de venta.

Aquí cito textual la forma en que lo hice:

Contenido "Efecto Zeigarnik".

Una técnica extremadamente efectiva.

Te la revelo en otro email.

Aquí el email de venta:
http://archive.aweber.com/emvudu/ONNSn/h/El_m_todo_la _familia_para_saber_que.htm

Es un email ligero, a diferencia de los emails a la lista de lanzamiento.

Analizaremos esos emails en el siguiente capítulo.

27. Secuencia de lanzamiento exitoso (3ª Parte)

Vaya capítulo el anterior ¿no?

Muchos emails.

Te lo comente al inicio, mas emails es mejor.
Recuerda que estás dando valor.

Más emails avisando del lanzamiento es más y más anticipación.

Mientras sean emails que aportan valor, son aceptados los que sean.

Las personas comenzarán a volverse locas por que llegue el día de la apertura.
Por ver a detalle de que va EmailTenimiento.
Por ver la carta de ventas.

Esta es la carta de ventas hecha con Leadpages:
https://heliosaki.leadpages.net/emailtenimiento/

Si el crear desde cero una carta de ventas te abruma, no te preocupes, puedes no hacerla.

Simplemente envía el link de pago y es todo, o crea una página más sencilla con lo que contiene tu oferta.

Algo como esto:
http://emailmarketingacelerado.com/

Vamos ahora a ver los emails enviados a la lista del lanzamiento.

Son emails más "agresivos".

Recuerda que son personas que ya pasaron por los emails que

vimos antes, los emails que les dieron valor masivo, ahora solo quieren comprar.

Por eso se registraron, para COMPRAR.
¿No es genial esta estrategia de lanzamiento?

Aquí los emails:

Asunto: *Descarga EmailTenimiento (previo irrisorio pago)*

Hey, Heliosaki aquí.

¡EmailTenimiento ya está al aire!

¡Al aire!

Originalmente te mencioné que si te registrabas
en la lista de notificación temprana (esta lista)
recibirías un 90% de descuento.

¡Pero me equivoqué!

Soy malo para las matemáticas, por eso me hice mejor marketero.

El descuento real (si las matemáticas no me fallan otra vez) es del 93%

Planeaba venderlo en 97 $ y te estoy dando acceso a él en...
https://heliosaki.leadpages.net/emailtenimiento/

Así que si lo compras antes de que finalice el 2013 lo tendrás el 93% descuento.

Puedes descargarlo (previo pago) aquí:
https://heliosaki.leadpages.net/emailtenimiento/

Heliosaki "malo para las matemáticas" Laguna

PD: Dado que algunos ya están de vacaciones, es posible
que no consulten con frecuencia su correo, (en lo personal
a mí no me deja la señora siquiera ver una computadora),
y mucho menos prenderla...

...Es por eso que te voy a estar enviando recordatorios
los siguientes días.

Recuerda, el descuento finaliza este 2013:
https://heliosaki.leadpages.net/emailtenimiento/

En este email les revelo que el descuento es mayor, y que ya está al aire.

Si te apasionan las tasas de apertura (que no debería ser porque no te dan para comer) este email tuvo una tasa de apertura de 68.6%.

¿Ves lo que se logra segmentando listas?

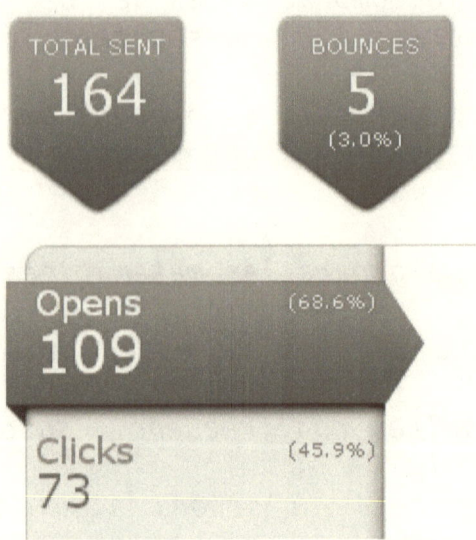

Como puedes ver el email no proporciona valor, pero es divertido que sea malo para las matemáticas.

Siguiente email, recuerda que estos emails fueron enviados solo a los que se registraron al lanzamiento.

Asunto: **Recordatorio**

Hey, Heliosaki aquí.

Este es un recordatorio para acceder a EmailTenimiento con descuento del 93%:
https://heliosaki.leadpages.net/emailtenimient o/

EmailTenimiento es acerca de crear emails entretenidos que sean abiertos por tus suscriptores.

No solo tendrás más emails abiertos...sino

que
aumentarás el compromiso de tus lectores...

¡Lo que te permitirá vender como loco!

EmailTenimiento es un entrenamiento conformado por 20 lecciones enviadas por medio de correo electrónico que te guiarán en todo lo que necesitas saber para aplastar con tu Email Marketing.

Ya sea que seas un marketero experimentado o que apenas estés comenzando...

...te garantizo que si sigues este simple pero efectivo sistema, veras resultados en tus esfuerzos de Email Marketing.

Descárgalo aquí (previo pago)
https://heliosaki.leadpages.net/emailtenimiento/

Heliosaki "compra EmailTenimiento" Laguna

Este email es solo un recordatorio, no da valor, pero explica más de que va EmailTenimiento.

Siguiente email:

Asunto: Bonos para EmailTenimiento

Hey, Heliosaki aquí.

Quedan pocos días para que aproveches el
descuento real del 93% de EmailTenimiento.

Aquí puedes comprarlo con un 93% de descuento:
https://heliosaki.leadpages.net/emailtenimient
o/

Si no haz leído la carta de ventas...

EmailTenimiento incluye los siguientes bonos:

[+] Plugin Wp Más Listas: Este plugin te
   permitirá
Crear impactantes casilleros de registro para
   crecer tu
lista de suscriptores.
[+] Plugin Autorespondedor para WordPress: Te
permitirá tener un autorespondedor ilimitado
   GRATIS de por
vida.
[+] Script Optin Mágico: Este poderosísimo
   script
ite permitirá crear casilleros de registro en
   todos lados!
En Twitter, Facebook, Youtube, ¡donde quieras!
[+] Capacitación Como Crear Una Lista Rápido:
   En esta
capacitación por medio de correo electrónico
aprenderás cómo crear rápidamente y sin
   inversión, una
lista de suscriptores desde cero y en tiempo
   récord.

Se trata de más de 150 $ en bonos por acceder
a EmailTenimiento.

¡No dejes pasar esta oferta navideña!

https://heliosaki.leadpages.net/emailtenimiento/

En este email revelo los bonos y en cuánto están valorados, haciendo un "no brain" la compra por solo 7 dólares.

Cuarto y último email.

Nota: debí haber enviado más, pero no lo hice porque estaba de vacaciones:

Asunto: Último Email Sobre EmailTenimiento

Hey, Heliosaki aquí.

Este será el último email que te envíe sobre EmailTenimiento.

Puedes comprarlo aquí antes de que finalice el año con
un 93% de descuento:
https://heliosaki.leadpages.net/emailtenimiento/

Aquí algo de lo que aprenderás en EmailTenimiento:

[+] Cómo hacer divertido tu marketing...y mantener a tus leales suscriptores entretenidos!
[+] Cómo____ es más importante que la persuasión...y como usar ese poder con tu lista (y hacer que te amen en el proceso!).
[+] Cómo crecer tu lista de suscriptores por recomendación de boca en boca...

[+] *Los 2 tipos de listas que debes de tener...la que te dará ganancias a corto plazo y la que te dará ganancias a largo plazo (esto es SÚPER poderoso!)*

[+] *La Respuesta a la pregunta de cómo de seguido escribir a tus suscriptores.*

[+] *La Respuesta a la pregunta de cada cuando vender a tus*

suscriptores.

[+] *La CLAVE para tener éxito con tu lista a largo plazo*

(atención: casi NADIE está haciendo esto)

[+] *Cómo encontrar y desarrollar tu propio estilo de escritura que te conectará de forma instantánea con tus lectores.*

[+] *Un simple ejercicio que puedes poner en practica hoy mismo que te ayudará a crear emails más entretenidos (esto es simple pero poderoso!)*

[+] *Una de las mejores maneras de hacer que tus suscriptores escriban emails para ti (Me encanta esta...nunca más te quedarás corto con ideas para emails)*

[+] *Cómo usar la adicción de las personas a la controversia en tus correos para mantenerlos entretenidos y enganchados.*

[+] *Una simple forma de crear emails que se escriban por si mismos (es verdad esto).*

[+] *Las 5 nuevas reglas del Email Marketing... sigue estas reglas y verás incrementar dramáticamente tus ingresos.*

[+] *6 cosas que cada uno de tus emails debe contener (¡es más fácil de lo que crees!)*

[+] *¿Cuántas veces a la semana deberías escribir a tu lista de suscriptores? Te daremos esa respuesta y te daremos muestras de que funciona...*

[+] Y mucho, mucho, más...

Aquí es donde lo puedes adquirir con el descuento real de 93%:
https://heliosaki.leadpages.net/emailtenimiento/

Tu amigo,

Heliosaki "última llamada" Laguna

Listo, si te fijas, lo que hice en este email y el anterior fue traer elementos de la carta de ventas, por si no la habían leído.

Elementos importantes como los bonos y los beneficios.

Pude haber enviado más emails enfocándome en beneficios.

Uno o dos beneficios por email, pero fui perezoso, ¡estaba de vacaciones en Disney y Las Vegas baby!

Esa es mi coartada y me apego a ella :-)

Tu envía más emails a la lista de lanzamiento, ¿ok?
Envía tantos como puedas.
Alarga lo más que puedas el tener el descuento, agrega bonos sorpresa...

Bueno, mejor lo vemos a continuación...

28. Emails que generan ventas

Emails con las puertas abiertas.

Emails para dar valor y vender más y más EmailTenimiento.

¡Qué ironía, das valor y vendes como loco!

Estos emails son a mi lista principal, piensa, son parte de mis emails diarios.
Son muchos emails así que no los voy a comentar.

Haríamos el entrenamiento más largo del mundo si lo hago.

Aquí están los emails de diciembre:
http://archive.aweber.com/emvudu/2013/12

Los emails del 24 al 31 de diciembre fueron emails con las puertas abiertas.

La estrategia es la de EmailTenimiento.

Dar valor, ser entretenido y vender.
Valor, entretener, vender.
Valor, entretener, vender.

Aquí los emails de enero:
http://archive.aweber.com/emvudu/2014/01

Emails del 01 al 06 de enero.

El lanzamiento comenzó el 17 de diciembre y aún seguía al momento de escribir esto el 06 de enero.

Más emails igual a más ventas.
Más emails igual a más ventas.
Más emails igual a más ventas.

Nunca me cansaré de repetirlo.

EmailTenimiento generó 80 ventas desde que se abrieron las puertas el 23 de diciembre al 06 de enero.

TRANSACTION SEARCH

Search Criteria

Preset:	Select a date range		Last Name:		Results/Page:	100
Start:	2013-12-23	select	Email:		Vendor:	
Receipt	End:	2014-01-06	select	Item:		Affiliate:	
	TID:			Role:	--		☐ No Affiliate

GO

Credits (All)   Debits (All)   Tests (All)
☑ Sale ☐ Rebill ☐ Bonus ☐ Payment Reissue   ☐ Refund ☐ Chargeback ☐ Bounced   ☐ Charge ☐ Test Sale ☐ Test Refund

GO   RESET

Displaying all 80 results.

La lista de lanzamiento "emailtenitop" tuvo 177 registros.
La de venta "emailtenimiento" 80.

| emailtenimiento | 3 | 5 | 79 | 1 | 80 |
| emailtenitop | 1 | 1 | 172 | 5 | 177 |

Sería bueno analizar cuántos de la lista de registro compraron, para sacar la conversión.
Pero te aseguro que se trata de una conversión monstruosa.

Una conversión fuera del alcance de los gurús.
Los que "saben de Email Marketing".

¿Por qué monstruosa?

Porque algunas de estas ventas que se lograron fueron del paquete
"EmailTenimiento + Email Marketing Acelerado".

Este paquete:
https://heliosaki.leadpages.net/bundle2/

Fueron exactamente 26 ventas:

TRANSACTION SEARCH

Displaying all 26 results.   Total: $712.85

Esas son ventas dobles, habría que sumar a las 80 ventas de
EmailTenimiento 26 ventas de Email Marketing Acelerado,
lo que nos da 106 ventas.

Nada mal ¿no?

Pero hay más...

Se vendieron 8 productos de las ofertas de única ocasión.

Ofertas que le aparecieron solo a los que compraron
EmailTenimiento nada más.

Un total de 114 ventas y un montón de dinero :-)

Todo durante mis vacaciones.

Todo utilizando únicamente email.

Ese es el poder el email.

PD. Aquí hablé de dar valor masivo para asegurar que seas mi cliente de por vida:
http://archive.aweber.com/emvudu/BMkiX/h/El_trabajo_no_finaliza_con_la_venta_.htm

29. Modelos de negocio basados en email marketing

Esta información es importante.

El tema:

Los Modelos de Negocio basados en Email Marketing.

Las lecciones de esta capacitación a diferencia de las otras, no son por email.

Son en una página, ver por ellas aquí: http://elantiafiliado.com/privado/

Heliosaki "Modelos de negocios de Email Marketing" Laguna

PD. Hay un modelo extra, un cuarto modelo, el modelo de Email Marketing Acelerado (Envío de Emails diarios de alto valor).

Ese no lo explico ahí puesto que ya lo estas aprendiendo en estos capítulos.

PDD. Esa página fue creada con emails diarios usando el modelo de este libro.

Puedes darle un uso posterior a tus emails para hacer páginas de aterrizaje o preventa, por cierto, esta página, para ti, ¿qué tipo de página es?: http://elantiafiliado.com/privado/

¿Aterrizaje o Preventa?

30. Recordando...

Email Marketing Acelerado EMA consta de dos grandes bloques.

Boletines (Broadcasts) y Secuencias (Follow Ups).

También está este hibrido, secuencias dentro de mis boletines diarios.

Una secuencia dentro de mis boletines, es además un lanzamiento, de ahí el nombre de hibrido.

.

¿Recuerdas las SLP?

"¿SLP Heliosaki? ha pasado tanta información por mi cabeza desde eso,
recuérdame qué es".

SLP: Secuencias de Lanzamiento de Productos.

Vimos 4 o 5.

MD4D
SLP
MDAB...

En fin, solo busca en tu libro los capítulos anteriores.

Sigamos con el hibrido, secuencia-boletín.

La secuencia que acabo de finalizar fue la de SEPE.

Secuencias Perpetuas de Email Marketing.

Excelente curso por cierto.

Si quieres la maestría en secuencias, ve por ella aquí:
Con mi link de Anti Afiliado

Estos fueron los correos de esta secuencia-boletín:

El dinero no está en la LISTA

[SEPE] Bienvenido a Secuencias Perpetuas de Email Marketing

[SEPE] Lección 1: Libertad

Lección 2: Diferenciarse Antes de Escribir

[SEPE] Lección 3: Como estructurar la secuencia de emails

Y falta el email de la invitación a **comprar SEPE<<**.

Anyhoo...

Este método hibrido funciona como magia.

Das valor masivo a tus suscriptores mediante un entrenamiento gratuito y vendes como loco mostrando una oferta al final del entrenamiento gratuito.

Estos fueron los resultados de la secuencia anterior:

Displaying 01/01/2011 to 06/10/2014 (All Time)									
♦	Seller	♦	Product	♦ Clicks	▾ Visitors	▾ Sales	♦ Conv	♦ $ per Visitor	♦ $ per Sale	♦ Total
			49 Products	6,052	4,146	39	0.94%	$0.63	$67.33	$2,625.87
	Francisco Fernando De Leon Alonso		Afiliado Exitoso	2,776	2,528	17	0.67%	$0.20	$29.40	$499.80

~~17~~ 18 (cayo una más) con 5 emails.

Sin vender.

Se trata de dar un entrenamiento ¿recuerdas?

Aquí la Secuencia AFEX (**Afiliado Exitoso**)

(Producto recomendado también por cierto).

DISLEXIA...

[AFEX] Capítulo 1 de 4: SeCapítulo del nicho y producto a promocionar

[AFEX] Capítulo 2 de 4: Busca las mejores Palabras Clave

[AFEX] Capítulo 3 de 4: Arma tu blog persuasivo (blogger o wordpress)

[AFEX] Capítulo 4 de 4: Videos y PDF´s para impulsar tus ventas

Asignaciones:

1. Estudia ambas secuencias.
2. Compra SEPE<<

Es en serio.

Es el tándem perfecto: EMA + SEPE = Maestría en Email.

Una cosa más...

¡Esto es oro!

Tus secuencias-boletines pueden ser usados después de enviarlos, como embudos de ventas.

Imagina esto.

52 semanas tiene el año.
Lo que nos permite (en teoría) enviar 52 de estas secuencias.

Y configurar así 52 embudos.

Te mostré este embudo en el capítulo pasado:
http://elantiafiliado.com/privado/

Este es el embudo sobre AFEX:
http://wasanga.com/helio/dislexia/?id=4

Haré mi embudo una vez terminado SEPE.
Y así por cada secuencia terminada.

Algo inteligente es también unir los embudos mediante links
en la parte inferior.

Prepárate para recibir muchos dólares y construir un imperio
de información incluso como afiliado.

Tan solo este capítulo vale más que lo que pagaste por este
libro.

¡¡Muchos Éxitos!!